Erinnerungen an Atlantis

Unsere geheime Vergangenheit, Edgar Cayce und die Suche nach unseren Ursprüngen

von Roland M. Horn

Die Anlage von Teotihuacan (Mexiko): Oben links ist die Sonnenpyramide im Hintergrund zu sehen. In der Mitte die Prunkstraße. (Foto: UFO-Interessengemeinschaft Frankfurt/Oder (UIG) – Fotomontage aus verschiedenen Einzelbildern (Bohmeier Verlag)).

Danksagung

Ich möchte all jenen danken, die mir bei der Erstellung dieses Buches Mut gemacht haben und die mir mit Rat und Tat zur Seite standen.

Harald Petrul, Mario Ringmann, Lars Böck, Hartwig Hausdorf, Lars A. Fischinger, Walter-Jörg Langbein sowie meinem Bruder Klaus Horn gebührt mein herzlicher Dank für ihre spontane Bereitschaft, mir Bildmaterial aus ihren Archiven zur Verfügung zu stellen.

Nicht zuletzt aber möchte ich meiner Verlegerin Frau Johanna Bohmeier danken, die die Veröffentlichung dieses Buches erst möglich gemacht hat.

Wir danken der Edgar Cayce Foundation aus Virginia Beach vielmals für die Erlaubnis, die in diesem Buch zitierten Edgar Cayce Readings verwenden zu dürfen, und weisen ausdrücklich darauf hin, daß das Copyright dafür bei der o.g. Organisation liegt.

Erinnerungen an Atlantis

Unsere geheime Vergangenheit, Edgar Cayce und die Suche nach unseren Ursprüngen

von Roland M. Horn

Weitere Bücher von Roland M. Horn im Bohmeier Verlag:

Sie kamen aus der Zukunft, Das Geheimnis der alten Propheten, ISBN 978-3-89094-318-3

Das Erbe von Atlantis, Die geheimen Vermächtnisse einer längst vergangenen Kultur, ISBN 978-3-89094-344-2

Rätselhafte & Phantastische Formen des Lebens, Von Vampiren, Mottenmänners, Seeschlangen, Geisterhunden, Yetis, Drachen und Chupacabras, ISBN 978-3-89094-348-0

Geheimagenten aus der Zukunft? Eine Verschwörung wirkt sich rückwärts aus, ISBN 978-3-89094-354-1

Sie sahen aus wie Untertassen, Auf der Spur des UFO-Phänomens, ISBN 978-3-89094-507-1

Apokalyptische Endzeit, Leben wir in der Zeit der letzten Verheißung?, ISBN 978-3-89094-622-1

Das OMICRON-Projekt, Extraterrestrische Eingriffe und das Phänomen der Astronautengötter, Roland M. Horn zusammen mit anderen Autoren: Lars A Fischinger, Roland M. Horn, Walter J. Langbein, Gisela Ermel, Thomas Ritter, ISBN 978-3-89094-339-8

Gesamtherstellung: Bohmeier Verlag, Printed in Germany

ISBN 978-3-89094-317-6

Inhaltsverzeichnis

Kapitel 1: Die Schlange, die vom Himmel fiel

Erinnerungen an die Katastrophe ∴ Bei jedem Sturm, bei jedem Gewitter... ∴ Von Schlangengöttern, Drachen und dem Teufel ∴ Eisbohrungen bestätigen Katastrophen und Klimawechsel ∴ Der Ausbruch des Laacher Vulkans - Teil einer weltweiten Katastrophe?

Ich kenne Marie-Luise Kaiser[1] eigentlich schon recht lange. Obwohl ich schon seit Jahren im Saarland wohne, pflegen meine Frau und ich noch regen Kontakt mit der Odenwälderin.

Marie-Luise Kaiser hat Angst vor Gewittern. Das ist an sich nichts Ungewöhnliches. Aber Marie-Luise Kaiser fühlt sich auf eine befremdliche Art zum Meer hingezogen. Immer wieder zieht es sie im Urlaub dorthin. Sie ist eine gute Schwimmerin. Und doch hat sie auf eine merkwürdige Weise Angst vor dem Wasser, vor den Wellen.

Wenn ich Frau Kaiser gegenüber das Wort "Weltuntergang" erwähne, dann reagiert sie ungehalten. Sie will von dieser Thematik nichts hören.

Und wenn ein Sturm um ihr Haus weht, dann ist es Frau Kaiser so, als umschleiche sie eine vage Erinnerung. Eine Erinnerung an ein vergangenes Leben...

Rückblende: *"Es ist der 5. Juni des Jahres 8498 v. Chr., am Himmel herrscht eine unheilbringende Planetenkonstellation. Die Bahnen von Venus, Erde und Mond sind abgekrümmt, und diese Abkrümmung könnte einen Planetoideneinschlag zur Folge haben, wenn jetzt einer in der Nähe wäre. Und tatsächlich: Da nähert sich ein Planetoid aus der Adonis-Gruppe, einer von jenen, die die Erdbahn kreuzen. Und dieser Planetoid schlägt in den Atlantik ein, etwas östlich des Stumpfes der Puerto-Rico-Schwelle! Jetzt wird das ganze empfindliche vulkanische Gebiet im Atlantik entzündet, und die Großinsel Atlantis – die auf der Reißnaht liegt, an der die Kontinentaldrift einst begonnen hatte – wird von einem Flammenmeer umzingelt. Es gibt kein Entrinnen! Die Magmafläche unter der Großinsel wird maximal eingedellt: Dadurch sinkt die Inselscholle, und Atlantis muß im Laufe einer schrecklichen Nacht und eines schrecklichen Tages im Meer versinken."*[2]

---

1 Name geändert.

2 Horn 1997.

So stellt sich der österreichische Atlantis-Forscher Otto H. Muck den Untergang von Atlantis vor. Beweise für sein Szenario hat er in seinem hervorragenden Buch "Alles über Atlantis" gesammelt.

Aber der erste, der über den Untergang einer Großinsel namens Atlantis berichtete, war Plato.

Er beschrieb in zwei Dialogen den Untergang dieses einst blühenden Reiches. So lesen wir in Timaios 22 c:

"Von alledem ist nämlich das Folgende die Ursache, viele und vielfältige Vernichtungen von Menschen haben stattgefunden, und werden sich ereignen durch Feuer und Wasser die größten, andere kleinere auf tausenderlei andere Weise. Das nun und auch bei euch mündlich Überlieferte aber ist wahr; es existiert ein Hin- und Herbewegen (Pendelbewegung) der um die Erde zum Himmel kreisenden (der Planeten), und dies ist während langer Zeiträume entstanden zum Verderben der Erdbewohner durch großes Feuer." Und in Timaios 22d heißt es:

"Wieviele nun damals in den Bergen und auf hochgelegenen Orten und in trockenen Häusern wohnten, wurden eher vernichtet, als die Siedler an Flüssen oder am Meer; unser Retter aber war der Nil, wie andere Male auch damals; er hat uns aus dieser Schwierigkeit errettet und erlöst"

Wenn wir in Timaios weiterlesen, dann stoßen wir in Kapitel 25 auf die interessanteste Stelle:

"Zuletzt, als unbarmherzige Erdbeben und Überschwemmungen eintraten, als ein Tag und eine schwierige Nacht hinzukam, versank in Eurer Nähe die ganz dichtgedrängte ganze Heeresmacht plötzlich unter der Erde, und die Insel Atlantis zeigte sich wie in das Wasser untergetaucht (von Düsenkraft ins Meer heruntergerissen). Daher wurde auch jetzt jenes offene Meer (Nordatlantik) unwegsam und unerforscht; da bald Schlamm stark hinderlich war, welchen die Insel, die Platz genommen hatte, verursachte (machen ließ)."[3]

Im Jahre 1936 wurde die Walam-Olum-Chronik der Delawaren – das ist ein Indianerstamm des atlantischen Algonkin – veröffentlicht. Zu dieser Chronik gehören Bilder, die den Kampf des Sonnengottes mit der Schlange zeigen. Schließlich kommt er in die Gewalt der Schlange. Der dazugehörige Text lautet:

"Und die große Schlange entschloß sich, die Wesen oder die Menschen zu vernichten. Und die finstere Schlange brachte sie herbei, das Ungeheuer Amyram brachte sie, Wasser, das von Schlangen rauschte, brachte sie. Viel

---

[3] Alle Plato-Zitate entnommen aus Pischel 1982.

Wasser rauscht; viel geht die Berge hinauf; viel dringt überall hin; viel zerstört.[4]

Die Schlange: ein altes biblisches Symbol für das Böse. Sie verführte Eva im Paradies. Nur ein biblisches Symbol? Alexander und Edith Tollmann berichten in ihrem Buch "Und die Sintflut gab es doch", daß auch die Aborigenes in Australien in ihren Traditionen das Schlangensymbol führen. Indianische Darstellungen zeigen Götter, die als Schlangen dargestellt werden – so die Wassergöttin der Azteken. Sie umschließt den großen Wassersack, aus dem sich die Sintflut ergießt, wenn sie ihn im Zorn öffnet. Das Zeitalter der Wassergöttin soll mit einer riesigen Überschwemmung zu Ende gegangen sein. Der Regengott – Chac – wird auf der Schlange mit dem Kopf des Wassergottes reitend dargestellt. In der Mizteken-Legende aus Mexiko ist im Zusammenhang mit dem Sintflutgeschehen von einem Gott, der den Beinamen "Löwenschlange" trägt, die Rede.

Die Tollmanns – ein Geologenehepaar – glauben, daß vor etwa 9500 Jahren ein Komet auf die Erde gestürzt ist, der sich in sieben Fragmente aufgesplittert hat und Auslöser für die Sintflut gewesen ist. Die beiden Autoren sind sicher, daß die weltweite Hauptbezeichnung des Impaktors als Schlange auf den Anblick des Kometenschweifs zurückzuführen ist, der damals durch die Luftströmungen in der unteren Atmosphäre zu einer Zickzacklinie verformt wurde. Es gibt auch entsprechende Abbildungen, die das Autorenpaar als Beleg anführt.

Ich meine jedoch, daß auch ein Asteroid, der in die Erdatmosphäre eindringt, als "Schlange" in Erinnerung bleiben kann.

Nach Otto H. Muck ist der sog. "Carolina-Meteor", der an der Ostküste Amerikas um die Stadt Charleston das sog. "Trichterfeld von Carolina" sowie Landeinbrüche an der Küste erzeugte, ein Fragment des Einschlagskörpers[5], und daneben wird neben den Erzählungen von Schlangen die vom Himmel fallen, auch die Erwähnung von "Pfeilen" verständlich. Diese könnten kleinere Meteorteilchen darstellen. Gemäß Muck hat der Asteroid auch Ägypten gestreift, und so wird auch das Urbild der unheilbringenden Schlange in unseren Überlieferungen verständlich. Auch die erwähnte Schlange, von der Moses im Buch Genesis im Zusammenhang mit Adam und Eva spricht und die später zum Teufel werden sollte, ist eine Erinnerung an den Unheilbringer, der Atlantis vernichtet hat. Und selbst in den Zeiten der biblischen Propheten, in denen die "Schlange" als Gegenspieler Gottes weitgehend ausgedient hatte, fin-

---

4 Tollmann & Tollmann 1993.

5 Muck 1988.

den wir immer noch Hinweise auf diesen Planetoiden, der später die Gestalt des Teufels annehmen sollte.

Die deutlichste Stelle in dieser Richtung ist Jes. 14/12-17: *"Wie bist du vom Himmel gefallen, du schöner Morgenstern! Wie bist du zur Erde gefällt, der du die Heiden schwächtest! Gedachtest du doch in deinem Herzen: Ich will in den Himmel steigen und meinen Stuhl über die Sterne Gottes erhöhen; ich will mich setzen auf den Berg der Versammlung in der fernsten Mitternacht; ich will über die hohen Wolken fahren und gleich sein dem Allerhöchsten. Ja, zur Hölle fährst du, zur tiefsten Grube. Wer dich sieht, wird dich schauen und betrachten [und sagen]: 'Ist das der Mann, der die Welt zittern und die Königreiche beben machte? Der den Erdboden zur Wüste machte und die Städte darin zerbrach und gab seine Gefangenen nicht los?'"*[6]

Die Bezeichnung "Morgenstern" wird ja heute auf die Venus angewandt, die am Morgen, wenn sie einen guten westlichen Winkelabstand zur Sonne hat, noch in der Dämmerung gesehen werden kann. In biblischen Zeiten wurde sie oft mit Satan oder "Luzifer", dem Lichtträger, in Verbindung gebracht. Der Teufel, ein Lichtträger? "Ja, vor seinem Fall war er eine Lichtgestalt, einer der drei höchsten Engel," so wird in kirchlichen Kreisen argumentiert. Ich habe, um etwas Licht (wie passend) in den Begriff des Morgensterns zu bringen, Jes. 14,12 noch einmal in der Zunz-Übersetzung nachgeschlagen, und dort heißt es: *"Wie bist du vom Himmel gefallen, Glanzstern, Sohn des Morgenrots; zu Boden geschmettert, Völkerbezwinger!"*

In der Offenbarung des Johannes taucht dann die Schlange, die in einem Atemzug mit dem Teufel genannt wird, wieder auf: "*Und es erschien ein anderes Zeichen am Himmel, und siehe, ein großer roter Drache, der hatte sieben Häupter und zehn Hörner und auf seinen Häuptern sieben Kronen; und sein Schwanz zog den dritten Teil der Sterne des Himmels hinweg und warf sie auf die Erde. Und der Drache trat vor das Weib, die gebären sollte, auf daß, wenn sie gebären sollte, er ihr Kind fräße. Und sie gebar einen Sohn, ein Knäblein, der alle Heiden sollte weiden mit eisernem Stabe. Und ihr Kind ward entrückt zu Gott und seinem Stuhl. Und das Weib entfloh in die Wüste, wo sie einen Ort hat, bereitet von Gott, daß sie daselbst ernährt würde tausendzweihundertsechzig Tage. Und es erhob sich ein Streit im Himmel: Michael und seine Engel stritten mit dem Drachen; und der Drache stritt und seine Engel, und siegten nicht, auch ward ihre Stätte nicht mehr gefunden im Himmel. Und es ward ausgeworfen der große Drache, die alte Schlange, die da heißt der Teufel und Satanas, der die ganze Welt verführt und ward gewor-*

[6] Scofield-Bibel (Luthertext v. 1914).

fen auf die Erde, und seine Engel wurden auch dorthin geworfen. Und ich hörte eine große Stimme, die sprach im Himmel: 'Nun ist das Heil und die Kraft und das Reich unseres Gottes geworden und die Macht seines Christus, weil der Verkläger unserer Brüder verworfen ist, der sie verklagte Tag und Nacht vor Gott. Und sie haben ihn überwunden durch des Lammes Blut und durch das Wort ihres Zeugnisses und haben ihr Leben nicht geliebt bis an den Tod. Darum freuet euch, ihr Himmel und die darin wohnen! Weh denen, die auf Erden wohnen und auf dem Meer! Denn der Teufel kommt zu Euch hinab und hat einen großen Zorn und weiß, daß er wenig Zeit hat.' Und da der Drache, sah, daß er verworfen war auf die Erde, verfolgte er das Weib, das das Knäblein geboren hatte. Und es wurden dem Weibe zwei Flügel gegeben wie eines großen Adlers, daß sie in die Wüste flöge an ihren Ort, da sie ernährt würde eine Zeit und zwei Zeiten und eine halbe Zeit vor dem Angesicht der Schlange. Und die Schlange schoß nach dem Weibe aus ihrem Munde ein Wasser wie ein Strom, daß er sie ersäufe. Aber die Erde half dem Weibe und tat ihren Mund auf und verschlang den Strom, den der Drache aus seinem Munde schoß. Und der Drache ward zornig über das Weib und ging hin zu streiten mit den übrigen von ihrem Samen, die da Gottes Gebote halten und haben das Zeugnis Jesu Christi."[7]

Diese Bibelstelle steckt natürlich voller christlicher Symbolik. Trotzdem: Wenn wir zwischen den Zeilen lesen, dann sehen wir die Beschreibung eines Ereignisses, das sich einst am Himmel abspielte. Das Böse, das bezeichnenderweise sowohl als "Schlange" wie auch als "Drache", "Teufel" und "Satanas" bezeichnet wird, befindet sich im Kampf mit anderen himmlischen Mächten. Diese Schlange wird von den Mächten des Himmels besiegt und auf die Erde geschmettert. Jene schreckliche Erinnerung an den Fall dieses Himmelskörpers wird von Johannes nachträglich in einen Sieg umgewandelt, und doch geht der Kampf nach dem Fall des Teufels/der Schlange weiter. Die Schlange speit einen Strom aus. Ein Hinweis auf die nachfolgende Sintflut?

"Die Schlange steht häufig als Bild für Hinterlist und Bosheit (Ps. 140,4; Matth. 3,7; 23,33) aber auch allgemein für Gefährlichkeit (1. Mose 49,17) und Schlauheit (Matth. 10,16). Ihr giftiger Biß versinnbildlicht das Verderben (5. Mose 32,33; Ps. 58,5; Jes. 30,6; Mt. 7,10; Off. 9,19), besonders das unvermutet hereinbrechende (Hiob 20,14.16; Sprüche 23,32; Pred. 10,8; Jes. 59,5; Amos 5,19). Schlangen werden mehrfach als Werkzeuge der Strafe Gottes genannt (4. Mose 21,6; 5. Mose 32,24; Jer. 8,17).

---

[7] Off. 12, Vers 7-13 (Luthertext).

In Gestalt einer Schlange tritt die Versuchung an Adam und Eva heran (1. Mose 3,1 ff), und als 'die alte Schlange' wird Satan einst gerichtet werden (Off. 12,9.14.15; 20.2).”[8], so lesen wir im Fritz Rieneckers ”Lexikon zur Bibel.”

In Offenbarung 12 sehen wir eine zweite Figur, die im Prinzip mit der Schlange gleichgesetzt wird – den Drachen. Auch er spielt in alten mythologischen Überlieferungen eine große Rolle. Vor allem in China ist das Drachenmotiv eine beherrschende Figur. Das Drachensymbol galt in China als Zei-

---

[8] Rienecker 1980 - Die angedeuteten Bibelstellen lauten im Detail wie folgt (Luthertext):
Psalm 140 V. 4: “Sie schärfen ihre Zungen wie eine Schlange. Otterngift ist unter ihren Lippen.”
Matthäus 3 V. 7: “Als er nun viele Pharisäer und Sadduzäer sah zu seiner Taufe kommen, sprach er zu ihnen: Ihr Otterngezüchte, wer hat denn euch gewiesen, daß ihr dem künftigen Zorn entrinnen werdet?”
Matth. 23 V. 33: “Ihr Schlangen! Ihr Otterngezüchte! Wie wollt ihr der höllischen Verdammnis entrinnen?”
1. Mose 49 V. 17: “Dann wird eine Schlange werden auf dem Wege und eine Otter auf dem Steige und das Pferd in die Fersen beißen, daß sein Reiter zurückfalle.”
Matth. 10 V. 16: “Siehe, ich sende euch wie Schafe mitten unter die Wölfe; darum seit klug wie die Schlangen und ohne Falsch wie die Tauben.”
5. Mose 32 V. 33: “Ihr Wein ist Drachengift und wütiger Ottern Galle.” (Man beachte hier auch das Wort “Drache” – rmh)
Psalm 58 V. 5: “Ihr Wüten ist gleichwie das Wüten einer Schlange, wie eine taube Otter, die ihr Ohr zustopft.”
Jesaia 30 V. 6: Dies ist die Last über die Tiere, so gegen Mittag ziehen, da Löwen und Löwinnen sind, ja Ottern und feurige fliegende Drachen (! – rmh) im Lande der Trübsal und Angst. Sie führen ihr Gut auf der Füllen Rücken und ihre Schätze auf der Kamele Höcker zu dem Volk, das ihnen nicht nütze sein kann.
Matth. 7 V. 10: “Oder so ihr ihn bittet um einen Fisch, der ihm eine Schlange biete?”
Off. 9 V. 19: Denn ihre Macht war in ihrem Munde; und ihre Schwänze waren den Schlangen gleich und hatten Häupter, und mit denselben taten sie Schaden.
Hiob 20 V. 14 u. 16: “So wird seine Speise inwendig im Leibe sich verwandeln in Otterngalle... Er wird der Ottern Gift saugen, und die Zunge der Schlange wird ihn töten.“
Sprüche 23 V. 32: “Aber danach beißt er und sticht wie eine Otter.”
Prediger 10 V. 8: “Aber wer eine Grube macht, der wird selbst hineinfallen, und wer den Zaun zerreißt, den wird eine Schlange stechen.“
Jesaia 59 V. 5: “Sie brüten Basiliskeneier und wirken Spinngewebe, ißt man von ihren Eiern, so muß man sterben; zertritt man's aber, so fährt eine Otter heraus.”
Amos 5 V. 19: Gleich als wenn jemand vor dem Löwen flöhe und ein Bär begegnete ihm; und er käme in ein Haus und lehnte sich mit der Hand an die Wand und eine Schlange stäche ihn.
4. Mose 21 V. 6: Da sandte der Herr feurige Schlangen unter das Volk; die bissen das Volk, daß viel Volks in Israel starb.
5. Mose 32 V. 24: “Vor Hunger sollen sie verschmachten und verzehrt werden vom Fieber und jähem Tod. Ich will der Tiere Zähne unter sie schicken und der Schlangen Gift.”
Jer. 8 V. 17: “Denn siehe, ich will Schlangen und Basilisken unter euch senden, die nicht zu beschwören sind; die sollen euch stechen, spricht der Herr.”
1.Mose 3 V. 1: “Und die Schlange war listiger denn alle Tiere auf dem Felde, die Gott der Herr gemacht hatte und sprach zu dem Weibe: Ja, sollte Gott gesagt haben: Ihr sollt nicht essen von allerlei Bäumen im Garten?” (Nachfolgend wird der Sündenfall geschildert – rmh).
Off. 20 V. 2: “Und er griff den Drachen, die alte Schlange, welche ist der Teufel und Satan, und band ihn tausend Jahre.”

chen der absoluten Macht. Das Autorenpaar Tollmann weist darauf hin, daß auf entsprechenden Abbildungen der Feuerschweif zu erkennen ist. Der schwarze Drache "Kung Kung" wird als Urfluterreger beschrieben. Er soll das Unglück über die Erde gebracht haben. Auch hier – wie in Off. 12 – ist es interessant festzustellen, daß der Drache später zum Glücksbringer umgedeutet wurde.[9]

Im fünften Kapitel des Buches *Chilam Balams*, das in der Mayasprache, aber in lateinischen Lettern geschrieben ist, lesen wir die folgenden Zeilen: „... *Dies geschah, als die Erde zu erwachen begann. Niemand wußte, was kommen würde. Ein feuriger Regen fiel, Asche fiel, Felsen und Bäume fielen zu Boden. Bäume und Felsen schlug er auseinander... Und die große Schlange wurde vom Himmel gerissen... und dann fielen ihre Haut und Stöcke ihrer Knochen herab auf die Erde... und Pfeile trafen Waisen und Greise, Witwer und Witwen, die lebten und doch keine Kraft hatten zu leben. Und sie wurden am sandigen Meeresgestade begraben. Dann kamen furchtbaren Schwalles die Wasser. Und mit der Großen Schlange fiel der Himmel herunter und das trockene Land versank.*"[10]

Es ist beinahe unnötig zu erwähnen, daß Marie-Luise Kaiser eine panische Angst vor Schlangen hat. Vor Schlangen? Ich konnte mich vor einigen Jahren persönlich davon überzeugen, wie Marie-Luise kreidebleich wurde, als sie eine Mückenlarve in ihrer Küche entdeckte. In ihrer Waschküche darf sich kein Regenwurm befinden, sonst sind phobische Reaktionen nicht auszuschließen. Von ihrem Mann weiß ich, daß Marie-Luise eines schönes Tages beschlossen hatte, höchstpersönlich den Rasen zu mähen. Ich kann mich erinnern, als ob es gestern gewesen wäre, an das, mir Marie-Luises Mann am Telefon erzählte: Plötzlich stand seine Frau in der Wohnung, bleich wie der Tod. In panischer Angst hatte sie den noch laufenden Rasenmäher verlassen. Dieser dröhnte im Garten einsam vor sich hin. Was war passiert? Marie-Luise Kaiser hatte ahnungslos mit ihrem Gefährt auf eine still im Gras liegende Blindschleiche zugesteuert. Erst nachdem ihr Mann das Tier entfernt hatte, konnte Frau Kaiser mit ihrer Arbeit unter äußerster Vorsicht fortfahren. Eine im Unterbewußtsein verborgene Erinnerung an den Unglücksbringer, jenen Meteoriten, der in einem früheren Leben der Marie-Luise Kaiser durch die Atmosphäre wirbelte und wie eine Schlange aussah und der anschließend einen grausamen Tod brachte?

---

9 Siehe Tollmann und Tollmann 1993.

10 Muck 1988.

Gab es tatsächlich eine derartige Katastrophe vor etwa 10.000 Jahren? Eine Katastrophe, die die damalige Menschheit um Jahrtausende zurückwarf? Eine Katastrophe, die so gravierend war, daß sie alle Spuren einer ehemaligen Hochkultur wegwischte? Eisbohrungen in der Antarktis oder in Grönland könnten Licht ins Dunkel bringen. Hier kann man anhand der Beschaffenheit des im Eis enthaltenen Materials Rückschlüsse auf Klima- und andere Umweltdaten ziehen. Allerdings stehen diese Bohrungen z.T. erst am Anfang. Bemerkenswert ist allerdings, daß Gert Lange in der Süddeutschen Zeitung vom 18.7.1992 auf einen plötzlichen Umschlag der Wellencharakteristika in der Tiefenmarke von 1624,5 m hinwies. (Kurze elektrische Wellenlängen unter 1 kHz eignen sich nämlich gut zur Unterscheidung von Warm- und Kaltzeiten. Hier muß ein Klimawechsel innerhalb kürzester Zeit erfolgt sein. Da Eis eine niederfrequente Leitfähigkeit hat, können auch einzelne Ereignisse wie der Staubeintrag in Vulkanausbrüchen festgestellt werden.) Erich von Däniken schreibt in seinem Buch "Die Steinzeit war ganz anders" in Bezug auf die Bohrung in Südgrönland, daß vor 10.700 Jahren eine abrupte Klimaveränderung erfolgt sei. Innerhalb weniger Jahrzehnte soll sich die Lufttemperatur über Grönland um sieben Grad Celsius erwärmt haben. Dies ließ sich anhand der Bohrkerne feststellen. Dieser Befund fand auch seine Bestätigung an vergleichsweise untersuchten Calcitsedimenten in der Schweiz. Im Verlauf der letzten Eiszeit wurden nicht nur riesige Mengen kontinentalen Staubes, sondern auch Vulkanasche und Meteoritenmaterial im Eis gebunden. Durch die anschließende plötzlich einsetzende Warmzeit wurde dieses Material freigeschwemmt und in die Atmosphäre abgegeben. Die Ursache für die plötzliche Eisschmelze wird als "unbekannt" angegeben.

Ein Korrespondent aus Berlin, Holger Böttger, schrieb mir vor einiger Zeit, daß er die Daten aus der Grönlandbohrung grafisch aufbereitet und dabei festgestellt habe, daß die Klimakatastrophe 9600 v. Chr. innerhalb von weniger als 10 Jahren passiert sei. Jedenfalls könne man den Zeitraum daraufhin relativ gut eingrenzen. Der größte Anstieg damals fand innerhalb eines Jahres statt. "Es war also ein plötzliches Ereignis, das 9600 v. Chr. stattfand. Die Zeitskala dazu habe ich von einer anderen Messung zum gleichen Bohrkern übernommen und die Tiefenangaben der ECM-Daten per Basicprogramm in Zeitangaben umgerechnet", so Böttger.

Hatte Muck recht? Bis auf die Randhöhen des Westerwaldes liegt eine massive Bimsschicht von mehr als einem Meter. Sie ist auf den Ausbruch des Laacher Vulkans zurückzuführen. Feinere Partikel wurden auf der einen Seite nach Südschweden, Rügen und Polen, auf der anderen Seite nach Koblenz und zum Hunsrück geweht. Sogar über die Schweiz und über die Alpen hinweg nach Norditalien wurde der Staub transportiert. Datierungen mit Hilfe der Radio-Karbon-Methode ergaben ein Alter des Vulkanausbruches von etwa 11.000 Jahren.

Diese Radio-Karbon- oder C-14-Analyse wird gerne von Geologen zur Altersbestimmung herangezogen. Sie wurde 1947 entwickelt. Wie man weiß, wird unter dem Einfluß der kosmischen Strahlung aus dem in der Luft enthaltenen Stickstoff Kohlenstoff C 14, was auf amerikanisch "radiocarbon" heißt, gebildet. Dieser Kohlenstoff wird von Pflanzen absorbiert und so auch auf pflanzenfressende Tiere übertragen. Dadurch sind diese radioaktiven Kohlenstoffisotope in allen organischen Stoffen nachweisbar. Will man nun das Alter eines Stoffes bestimmen, so vergleicht man dessen Strahlungsintensität mit der von frischem Material. Aus dem Unterschied kann man dann das Alter errechnen. Die Intensität der C-14-Strahlung halbiert sich alle 5.760 Jahre. Mit dieser Methode sind Altersbestimmungen bis zu 70.000 Jahren möglich, wobei allerdings beachtet werden muß, daß bei so großen Zeiträumen die Genauigkeit leiden dürfte, weil man nicht weiß, inwieweit der Anteil der radioaktiven Kohlenstoffatome in der Atmosphäre im Laufe der Zeit geschwankt hat. Im Falle des Ausbruches des Laacher Vulkans handelt es sich aber um einen relativ kurzen Zeitraum. Er muß nach der C-14-Analyse etwa 9000 v. Chr. stattgefunden haben. In kurzer Zeit – etwa innerhalb von einer Woche – wurden etwa fünf Kubikkilometer Lava gefördert. Der Berliner Autor Paul Schulz ist sich sicher: Eine derartig gewaltige Vulkankatastrophe kann nicht nur auf ein einzelnes lokales Ereignis zurückzuführen sein. Für ihn steht fest: Diese Explosion des Laacher Vulkans ist durch eine viel größere im Atlantik verursacht worden![11]

Es scheint ganz so, als würde die These vom Untergang der Insel Atlantis im Rahmen einer gewaltigen weltweiten Katastrophe durch Forschungen in Deutschland untermauert.

Lilithdarstellung als sumerische Göttin. Terrakottarelief das ca. 2000 Jahre v. Chr. entstand. Lilit [hebräisch] ist in der antiken Tradition die erste Frau Adams. Später wurde sie im Volksglauben zu einer Kindbettdämonin gemacht.

[11] Schulz 1993.

Eva, die Schlange und Adam im Paradies. Manuskriptillustration, Spanien 12. Jahrhundert. (Quelle: Archiv Lars Fischinger)

Pyramiden in China – Entdeckt und fotografiert von Hartwig Hausdorf.

Kapitel 2: Das Land, in dem die Lichter nie verlöschen

Die Erinnerungen der Mandan-Indianer ⁘ Von Städten mit goldenen Dächern ⁘ Von Bananen und Elefanten ⁘ Donnellys Atlantis-Thesen ⁘ Otto H. Muck und Alles über Atlantis ⁘ Das Geheimnis der Aalwanderungen ⁘ Als das Transatlantik-Kabel riss

In Nordamerika lebt ein Indianerstamm, der leider ziemlich dezimiert ist. Die Geschichte dieses Stammes enthält eine umfangreiche Flutlegende. Außerdem haben sich die Stammesmitglieder über die Jahrhunderte hinweg ein Bild von einem archeartigen Schiff bewahrt. Diese "Arche" bildet sogar den Mittelpunkt einer religiösen Zeremonie. Und die scheint sich auf die Zerstörung von Atlantis zu beziehen. Bei diesem Indianerstamm handelt es sich um die "Mandan-Indianer". Viele dieser Indianer sind weißhäutig und haben braune, graue oder blaue Augen sowie dunkelbraune bis aschblonde Haare. Auch die Guanchen, die Ureinwohner der Kanarischen Inseln, weisen eine äußerst helle Hautfarbe auf. Sie lebten lange in Höhlen. Sollten die Guanchen wie auch die Mandan-Indianer durch das lange unterirdische Leben aufgrund der Folgen der Atlantik-Katastrophe pigmentarm geworden sein? Die Mandan-Indianer lebten in befestigten Städten. Dort stellten sie Töpferwaren her, die sie zum Kochen von Wasser benutzten. Nur beim Stamm der Mandan-Indianer wurde dieser Brauch beobachtet.

In der Mitte des neunzehnten Jahrhunderts besuchte ein Mann namens George Catlin die Mandan-Indianer, um deren Zeremonie beizuwohnen. Der Atlantis-Forscher Ignatius Donnelly beschreibt in seinem Buch "Atlantis, die vorsintflutliche Welt" eine solche Zeremonie. Nachfolgend will ich seinen Bericht zusammenfassen.

Catlin beschrieb einen offenen Raum oder einen öffentlichen Platz in der Mitte des Dorfes, der ungefähr fünfzig Meter im Durchmesser mißt. Er ist kreisförmig und wird für alle öffentlichen Angelegenheiten wie Spiele, Feste und Vorführungen verwendet. Die Zelte um diesen offenen Raum zeigen mit ihren Türen zu dessen Mittelpunkt. In der Mitte des Platzes steht ein Gegenstand von großer Bedeutung. Dieser Gegenstand hat die Form eines großen Fasses von zweieinhalb bis dreieinhalb Metern Höhe. Er besteht aus Brettern und Haken und enthält auserlesene Mysterien und Heilmittel. Es ist das "Große Kanu".

Zu Beginn der Zeremonie schreitet ein Mann auf das Dorf zu. Innerhalb der Dorfpfähle wird er von allen Häuptlingen und Tapferen erwartet. Eine herzliche Begrüßung folgt, und der Ankömmling wird "Nu-mohk-muck-a-nah" genannt, was soviel wie "Der erste oder einzige Mensch" bedeutet. Der Fremde ist beinahe vollständig unbekleidet und mit weißem Ton übermalt. Aus einiger Entfernung gesehen sieht er aus wie ein weißer Mann. Nun begibt er sich in die Arche inmitten des Dorfes. Dort nimmt er einige geheimnisvolle Zeremonien vor.

Dieser "einzige Mensch" geht nun den ganzen Tag im Dorf umher und erzählt jedem Hausherrn vom tragischen Schicksal seines Landes, das vollständig von Wasser überflutet worden sei. Er sei der einzige Mensch, der entkommen konnte. Sein Kanu sei auf einem hohen Berg gelandet und dort wohne er jetzt. Der Zweck seines Besuches sei es, die Medizin-Arche zu öffnen. Ein Geschenk in Form einer Axt wird von jedem Hausherrn abgefordert, und diese muß – zum Schutz vor einer weiteren Sintflut – dem Wasser geheiligt werden. Schließlich sei es nur mit Hilfe dieser Axt möglich gewesen, das Kanu zu bauen.

Nach dem Besuch jeder Wohnung werden die erhaltenen Geschenke – Äxte und Messer – in der Medizin-Arche abgelegt, und am letzten Festtag werden sie dem Geist des Wassers geopfert, indem sie an einer tiefen Stelle in den Fluß geworfen werden.

Anschließend tanzen zwölf Männer um die Arche herum, die sich in den vier Himmelsrichtungen aufgestellt und schwarz, rot oder weiß angemalt hatten. Dieser Tanz nennt sich "Bel-lohck-na-pie". Der Haarschmuck erscheint hörnerartig und erinnert an Masken, die in Europa den Gott Bel oder Baal verkörpern.

Die Mandan-Indianer haben nicht nur Erinnerungen an die Sintflut und an Schiffe, die an die Arche Noah denken lassen, bewahrt, vielmehr steckt ihr Fühlen und Denken voller Erinnerungen an eine Urheimat an ein großes, aber versunkenes Land im Osten. Erinnerungen an ein Land, in denen ihre Vorfahren in Städten lebten – in Städten mit unauslöschbaren Lichtern.[12]

Donnelly wollte beweisen, daß Atlantis eine Insel von der Größe eines Kontinentes war, die einst im Atlantik existierte. Für Donnelly war Atlantis die Wiege der Zivilisation. Dort entwuchsen menschliche Wesen erstmals der Barbarei. Die Könige, Königinnen und Heroen von Atlantis waren für ihn die Göttinnen und Götter der griechischen, phönizischen, indischen und skandinavischen Mythen. Atlantis stand nach Donnelly für Urerinnerungen an ein großartiges Land, und es bildete die Ursache für die Geschichten vom Garten Eden, dem Garten der Hesperiden, dem Olymp und dergleichen mehr. Die

[12] Hope 1995.

Einwohner von Atlantis trieben Handel mit Ägypten, Afrika, Nord- und Südamerika, Skandinavien und Mittelmeerländern. Die Atlanter waren Sonnenanbeter und breiteten ihre Religion bis nach Ägypten und Peru aus. Die Atlanter sollen die ersten Menschen gewesen sein, die Bronze und Eisen schmiedeten, und ihr Alphabet sei der Vorläufer der phönizischen wie auch der Maya-Hieroglyphen gewesen. Donnelly betrachtete Atlantis als die ursprüngliche Heimat der innereuropäischen sowie der semitischen Völker. Nach der Katastrophe seien die Überlebenden in den Westen und den Osten geflüchtet, wo die Erinnerung an die Sintflut als Mythen erhalten blieben. Donnelly argumentiert z. B damit, daß die Banane auf beiden Seiten des Ozeans vorkomme, und dies deute auf einen gemeinsamen Ursprung hin. So schließt er, daß die Banane einst auf Atlantis kultiviert worden sei, von wo aus man sie auf beide Seiten des Ozeans hin exportiert hätte Dasselbe gelte auch für andere Pflanzen und ebenso für viele Bräuche, die sich auf beiden Seiten des Ozeans unabhängig voneinander entwickelt hätten, wie z.B. das Tabakrauchen oder die Mumifizierung der Toten. Weiter beruft sich Donelly auf die Legenden vieler Völker, die von einer Urheimat im atlantischen Meer berichten. Nach Donelly hätte sich Plato als berühmter Philosoph wohl kaum eine derartige Geschichte ausgedacht, zumal Plato seinen Bericht mit einer plastischen Beschreibung von Schiffahrt, Kanälen etc. begonnen hätte, und nicht mit vagen Göttergeschichten.

Tatsächlich erscheint es rätselhaft, daß nicht nur in Ägypten, sondern auch in Peru Leichen mumifiziert werden. Erst seit jüngerer Zeit wissen wir, daß auch die Guanchen, die Ureinwohner der Kanarischen Inseln, diesen Brauch durchführten, wenn auch nicht mit der gleichen Perfektion wie die Ägypter.

In drei Büchern stellte der schottische Mythologe Lewis Spence seine Atlantis-Theorie vor. Er versuchte in seinem 1924 erschienenen Buch "The Problem of Atlantis" vier Punkte zu beweisen:

1) Ein großer Kontinent habe früher den ganzen oder den Hauptteil der Nordatlantikregion und einen beträchtlichen Teil des Südbeckens eingenommen.

2) Vor etwa 25 bis 10 Millionen Jahren habe dieser Kontinent immer noch seinen kontinentalen Charakter beibehalten. Gegen Ende der Periode habe er allerdings aufgrund vulkanischer und anderer Ursachen begonnen zu zerfallen.

3) Im Verlauf dieser Auflösung hätten sich größere und kleinere Inselmassen gebildet. Zwei der größeren von ihnen sollen einmal in relativ kurzer Entfernung vom Eingang des Mittelmeeres und zum anderen im Gebiet der

gegenwärtigen Westindischen Inseln gelegen haben. Spence nannte diese beiden Inseln "Atlantis" und "Antilia". Kontakt hätte durch eine Inselkette bestanden.

4) Diese beiden Inselkontinente und die verbindende Inselkette hätten bis vor etwa 25.000 Jahren Bestand gehabt. Zu dieser Zeit sei Atlantis weiter zerfallen. Spence spricht von einer "Schlußkatastrophe", die Atlantis etwa im Jahr 10.000 v. Chr. ereilt haben soll, während Teile von "Antilia" immer noch in der Antillengruppe oder den Westindischen Inseln existieren sollen.

Den Stein ins Rollen gebracht hat freilich der griechische Philosoph Plato, der in seinen "Timaios-" und "Kritias-Dialogen" von jenem geheimnisvollen Land berichtete. Er beschrieb einen Inselkontinent, der jenseits der Säulen des Herakles lag (das war der damalige Name für Gibraltar). Plato berichtet von dem Besuch des großen Staatsmannes Solon in Ägypten, der dort erfahren haben will, daß die ägyptischen Priester von Sais schriftliche Berichte zum Atlantis-Thema besitzen. Solon wiederum vertraute seinem Verwandten Dropides die unglaubliche Story an, die er an seinen Sohn, Kritias den Älteren, weitergab, und der erzählte die Geschichte wiederum seinem Enkel, Kritias "dem Atlantischen", nach dem einer der beiden Plato-Dialoge benannt ist, in denen Atlantis erwähnt wird.

In Platos' Timaios- und Kritias-Dialogen wird dieser Inselkontinent als das Herz eines großen und wundervollen Reiches beschrieben, das über eine blühende Bevölkerung, Städte mit goldenen Dächern, eine mächtige Flotte sowie eine Armee für Eroberungsfeldzüge verfügte. Plato beschreibt, daß Atlantis von größerer Bedeutung gewesen sei als (Klein-) Asien und Libyen zusammengenommen, wobei Libyen den damals bekannten Teil des afrikanischen Kontinents bezeichnet. Man könne von dieser Insel noch zu den anderen Inseln hinüberfahren und von den Inseln auf das ganze gegenüberliegende Festland, welches jenes in Wahrheit so heißende Meer umschließt. Und das finde ich ausgesprochen bemerkenswert an der ganzen Sache. Plato kannte offensichtlich Amerika, obwohl die "Neue Welt" angeblich erst 1492 durch Kolumbus entdeckt worden ist. Plato beschreibt Atlantis als ein Paradies, als eine Insel mit gewaltigen Gebirgen und fruchtbaren Ebenen, schiffbaren Flüssen und reichen Bodenschätzen. Aber: Dieses mächtige Reich verschwand "im Verlaufe eines schlimmen Tages und einer schlimmen Nacht" im Meer. Die Flutkatastrophe wird von Platon auch noch datiert, und zwar auf etwa 9.000 Jahre vor seiner Zeit. Platos Dialoge erschienen um 355 v. Chr., hiervon 9.000 Jahre zurückgerechnet kämen wir auf etwa 9355 v. Chr. als Untergangsjahr. Und wohlgemerkt: Plato spricht von *etwa* 9.000 Jahren vor seiner Zeit.

Hören wir doch einmal in einige Aussagen des Philosophen hinein, wobei ich anmerken möchte, daß sich die jeweils folgende Textstelle nicht unbedingt auf die vorherige beziehen muß:

"Vom Meer bis zur Mitte der ganzen Insel zog sich eine Ebene hin, welche unter allen Ebenen die schönste und aufgrund ihrer Beschaffenheit günstig gewesen sein soll; zur Ebene hin, wiederum nach der Mitte, etwa 50 Stadien entfernt, war ein Berg, im ganzen klein."[13]

"Die es (= das offene Meer) an allen Seiten berührende Erde, im Großen und Ganzen wahrheitsgetreu am richtigsten vielleicht Festland genannt."[14]

"Dieser Landstrich aber lag über dem Meer (beherrschte das Meer von oben)"[15]

"Die ganze vom Meer abgeschnittene Hochebene erstreckt sich um die Peripherie der Stadt (polis); sie (die Ebene) selbst war im Kreis von Bergen die sich bis zum Meer herabsenken, umgeben; glatt und gleichmäßig, im Ganzen länglich, bis zu jenem Südatlantik 3000 Stadien (=369,96 km) vom Meer aufwärts bis zu ihrer Mitte 2000 Stadien (=396 km)."[16]

"Dieser Teil aber der großen Insel war dem Süden zugekehrt, weg vom Großen Bären nördlich. Die Berge um sie pries damals eine große und schöne Menschenmenge, vor allem, daß das Gegenwärtige geworden sei; daß es viele reichbewohnte Dörfer mit Perioiken in ihnen gab, auch Flüsse und stehende Gewässer und Wiesen... Vielfältiger mannigfaltiger Wald für alle Arten von Werken für jedes im Überfluß."[17]

"Die Bäche, welche die Zuflüsse aus den Bergen aufnahmen, um die Ebene kreisförmig herumgeführt, und von hier aus zur Stadt und von dort abgeleitet wurden, wurden ebenfalls als Zuflüsse ins Meer geleitet."[18]

"Im Hain des Poseidon wuchsen an Bäumen das Schönste, was die Erde hatte, und dank ihrer Höhe lagen die Brücken im Schatten. Gymnasien, Sportplätze, Hypodrome und Gestüte konnte man über sie erreichen."[19]

"Die Mauer um die Akropolis selbst belegten sie rundherum mit Kupfer, das feuriges Gefunkel verursacht. Die Mauer weiter nach der Küste verkleideten

---

[13] Kritias 113c.
[14] Timaios 25a.
[15] Kritias 118.
[16] Kritias: 118 a.
[17] Kritias 118 b.
[18] Kritias 118 d.
[19] Kritias 117 c.

(verlöteten) sie von innen; diejenige (Mauer) um die Akropolis selbst mit Kupfer, welches feurige Funkeln gab (mit feurigem Kupfer)."[20]

"Den ganzen Tempel aber umkleideten sie von außen mit Silber außer die äußersten Giebel, die Giebelspitzen des Daches nämlich mit Gold; das Innere aber, die elfenbeinerne Bedachung sichtbar ganz mit Gold und Silber und Kupfer ausgeschmückt; das ganze übrige der Dächer aber und Säulengänge und die Fußböden vernieteten sie mit Kupfer. Sie stellten goldene Götterbilder auf, den Gott nämlich auf einem Wagen stehend, sechs geflügelte Pferde lenkend, ihn selbst in seiner Größe den Scheitel des Dachgiebels berührend; Nereiden, aber auch Delphinen auf die hundert im Kreis, denn soviele, glaubte man, gäbe es damals von ihnen, Viele andere Götterbilder (agalmate) aber waren im Inneren als Weihegeschenke der Bürgerinnen angebracht."[21]

"An Arten von Elephanten gab es auf der Insel die größte Zahl; Weide gab es nämlich für die anderen Lebewesen genug, wieviel man auch brauche (wegnimmt); von stehenden Gewässern und Flüssen – wieviel auch wieder auf den Bergen und wieviel in den Gefilden entnommen (abgezweigt) wird – war freilich genug für alle da und eben dies für jedes Lebewesen für das größte zum Wachstum und auch für den Vielfraß."[22]

"Von dem, womit die duftende Erde die Heutigen ernährt, von heilkräftigen Wurzeln oder frischem Gras oder Bauholzarten oder säfteträufelnden Bäumen, seien es Blumen oder Früchte, hat sie getragen und gut gedeihen lassen; auch die kultivierte Frucht, die getrocknete (dürre) nämlich, welche wir der Ernährung wegen lieben, und viele andere, mit denen wir wiederum den Durst stillen, – denn wir nennen alle zusammen Obst – und diejenigen Holzarten, welche Apfel und Speiseobst und medizinische Früchte für Salben tragen, und auch die Früchte der Nußbäume (und Edelkastanien), welche, den Spielen der Kinder zuliebe schwer aufzubewahren sind, alles, was wir zur willkommenen Linderung des Sättegefühles nach der Abendmahlzeit dem Kranken hinstellen: alles dies trug damals die nach Osten liegende Insel heilsam schön sowohl wunderbar als auch in unendlicher Fülle."[23] [24]

Ein Autor, der sich ziemlich genau an Platos Vorgaben gehalten hat, ist der 1892 in Wien geborene Ingenieur und Erfinder Otto H. Muck. Er zählt zu den einflußreichsten Atlantologen. Unter anderem erfand Muck den Schnorchel für U-Boote, und 2000 Patente gingen auf sein Konto. Muck war Berater von

---

20 Kritias 116.

21 Kritias 116 b.

22 Kritias 114e/115.

23 Kritias 115 c.

24 Die Übersetzung der gesamten Textstellen stammt aus Pischel 1982.

Großunternehmen. Er war nicht nur Techniker, sondern auch Künstler und Graphiker. Im Jahre 1956 wurde Mucks Buch "Atlantis – Die Welt vor der Sintflut" erstmals veröffentlicht. In diesem Jahr – am 7. November – fand Otto H. Muck den Tod. Im Jahre 1976 wurde sein Buch unter dem Namen "Alles über Atlantis" neu aufgelegt, und noch lange war dieses Buch als preiswertes Taschenbuch immer noch im Handel erhältlich.

Muck bezieht sich einerseits auf die Sagen der Völker westlich und östlich vom Atlantik, andererseits auch auf die Tatsache, daß aufgrund der Isotherme rechts und links vom Atlantik jetzt und während der letzten Eiszeit einst eine Golfstrom-Sperrinsel existiert haben müsse, die im Azoren-Gebiet gelegen haben soll. Schließlich war Europa gegenüber Amerika während der letzten Eiszeit nicht klimabegünstigt, was aber zwangsläufig hätte der Fall sein müssen, wenn der Golfstrom schon zu jener Zeit Europa angespült hätte. So war es aber in Europa genauso bitterkalt wie in Amerika. Der Golfstrom muß vor Europa abgesperrt worden sein. Wenn man sich das Azorenplateau etwas angehoben vorstellt, dann kommt man auf eine Großinsel mit den Ausmaßen, die Plato für Atlantis angab und auf die gleiche Gebirge/Ebene-Verteilung – eine Großinsel etwa von der Größe Spaniens. Auf dieser klimabegünstigten Großinsel könnte sich laut Muck eine fortgeschrittene Kultur durchaus entwickelt haben, die uns heute als "Cromagnard" ein Begriff ist, während in Europa noch der "Neandertaler" zu Hause war.

Muck erklärt auch das Geheimnis der Aalwanderungen mit der einstigen Existenz von Atlantis.

Bekanntlicherweise findet man in europäischen Flüssen nur weibliche Aale. Wo sind also die männlichen Exemplare geblieben? Das fragten sich die Biologen in den vergangenen Jahrhunderten immer wieder. Und mittlerweile weiß man Näheres, obwohl dadurch das Rätsel nicht kleiner geworden ist.

Die Aale kommen in der Sargassosee zur Welt, die westlich und südwestlich von den Azoreninseln gelegen ist und Tangwälder beinhaltet. Sie besitzt in etwa die Größe von Mitteleuropa. In diesen üppigen Tangwäldern laichen die Aale ab, die amerikanischen im Westteil, die europäischen im Ostteil.

Von ihrem Instinkt geleitet, schlängeln sich die Jungaale gen Wirbelrand zum Golfstrom hin, und lassen sich von jenem nach Osten – Richtung Westeuropa – treiben. Diese Reise dauert drei Jahre. Die Überlebenden werden dabei zu Glasaalen, die sich an den Küsten teilen. Die männlichen Aale bleiben im Salzwasser, und die Jungweibchen schwimmen in die Unterläufe der europäischen Flüsse. Diese Trennung der Geschlechter dauert ebenfalls drei Jahre. Mit fünf Jahren ist der Aal geschlechtsreif, und dann treffen sich die Geschlechter wieder. An den Flußmündungen beginnt die gemeinsame Rückreise zur Sargassosee. Sie schwimmen in großer Tiefe, wo sie vermutlich die Unterströmung ausnutzen. In 140 Tagen sind sie wieder an ihrer Geburtsstätte angelangt, wo sie wiederum die Paarung vollziehen.

Muck fragte sich mit Recht, warum die Aale zweimal eine so gefährliche und langjährige Reise unternehmen und warum die Weibchen ins Süßwasser wandern. Eine Teilantwort auf die zweite Frage gibt Muck selber:

Die Aalweibchen werden nämlich nur im Süßwasser geschlechtsreif. Doch warum schwimmen sie nach Westeuropa und nicht nach Westindien, das ja viel näher liegt? Hierauf wird im allgemeinen geantwortet, die Aale vertrauten sich eben dem Golfstrom an. Aber der Golfstrom treibt sie eben weit weg nach Europa, wo er sich teils nach Süden, teils nach Norden langsam abschwächt. Jedenfalls strömt er nicht mehr zurück, und die Aale müssen ohne den schützenden Golfstrom allein den weiten Weg zurücklegen. War das immer so?

Wenn Plato recht hat, dann hätte die Insel Atlantis auf dem Azorenplateau gelegen, die dem Golfstrom den Weg abgesperrt hätte. Jener wäre dann zurück Richtung Amerika abgelenkt worden, und so hätte der Golfstrom tatsächlich einen Kreislauf ausgeführt, dem sich die Aale sicher anvertrauen konnten. Sie wären also von ihrem Laichplatz in der Sargassosee vom Golfstrom an die nahegelegenen Flüsse von Atlantis getragen worden, und die Weibchen wären dort geschlechtsreif geworden, während die Männchen draußen im Meer auf sie gewartet hätten. Dann wären sie gemeinsam – wieder vom Golfstrom getragen – zurück zu ihrem Geburtsort, der jetzt zu ihrem Laichplatz wird, zurückgekehrt.

Wenn die Insel – aus welchen Gründen auch immer – nicht mehr existiert, dann würde sie der Golfstrom ins ferne Europa verschleppen, wo er sie im Stich ließe. Und genau das tut er ja auch.

Am 5. Juni des Jahres 8498 v. Chr., dem Nulljahr des Maya-Kalenders, habe gemäß Muck eine Planetenkonstellation bestanden, die aufgrund der Abkrümmung von Venus, Mond und Erde einen Planetoideneinschlag begünstigt haben könnte. Bei dem Einschlag dieses "Planetoiden A" in den Atlantik sei es dann zur Katastrophe gekommen, die ich bereits im vorhergehenden Kapitel geschildert habe. Die Rückverformungskräfte seien nach Muck zu gering, um die Insel irgendwann wieder an die Oberfläche zu heben. Als weitere Folge des Einschlages seien die Kontinentalschollen links und rechts des Katastrophenherdes mit eingesunken, während es an den Gegenrändern Hebungen gab. Durch den Einschlag sei nach Muck die Erdachse ins Wanken geraten, und dadurch sei die Präzession[25] verstärkt worden, wodurch Klimaänderungen verständlich würden. Dies stellt eine Erklärung für das Mammutsterben dar. Eine plötzliche Klimaänderung, hervorgerufen durch das Verlagern der Erdachse infolge des Einschlages, sorgte für das Konservieren der Mammutkadaver durch die eisigen Temperaturen, die mit einem Kältepol innerhalb weniger Tage nach Sibirien kamen. Die Mammuts selbst sind laut Muck zuvor von Stickgaswellen und gewaltigen Fluten im Rahmen des Sintflutgeschehens überrascht worden und haben dabei den Tod gefunden.

Als das Transatlantik-Kabel riß, wurden bei den Reparaturarbeiten auch andere Gegenstände vom Meeresboden mit hochgeholt, darunter ein gewichtiger Felsbrocken. Das Stück war ein Tachylit von ausgesprochen glasiger Struktur. Er wurde später von Paul Termier, einem geschätzten Gelehrten, untersucht. Termier gelangte zu dem Schluß, daß das Stück vulkanischer Herkunft sei – der Meeresboden ist dort in weitem Umkreis von Lava bedeckt. Im Raum des Telegraphenplateaus müssen einstmals sehr starke Vulkanausbrüche stattgefunden haben, bei denen jene Lava ausgeflossen ist, von der das Fundstück stammt. Das Stück ist des weiteren amorph, glasig und nicht kristallin in seiner Struktur. Es kann nicht im Tiefwasser, es muß an freier Luft erstarrt sein. Nur ein damals obermeerischer Vulkan kann es ausgeworfenen haben. Die Lava, die gewaltige Areale heutigen Meeresbodens bedeckt, stammt aus ehemaligen Landvulkanen. Zugleich mit seinem Ausbruch – oder sehr bald danach – muß sich das ganze Gebiet um mehr als 2.000 m abgesenkt haben. Das Stück dokumentiert eine vorzeitliche Katastrophe mitten im Atlantik – dort, wo nach Plato die Insel Atlantis versunken sein soll. Weiter wies Termier darauf hin, daß das Stück seiner mineralogischen Zuordnung nach ein Tachylit sei, und Tachylite lösen sich binnen etwa 15000 Jahren in Meerwasser auf. Das Fundstück weist aber scharfe, nicht angefressene Konturen auf. Die durch seine Auffindung indirekt bezeugte Katastrophe im Atlantik müßte sich vor weniger als 15000 Jahren, also nach 13000 v. Chr., ereignet haben, wahrscheinlich aber erheblich später. Dieses Altersmaximum deckt sich überraschend mit Platos summarischer Angabe, "9000 Jahre vor Solon", also 10000

---

25 Präzession [lateinisch], die fortschreitende Verlagerung des Frühlingspunkts auf der Ekliptik in rückläufigem Sinn (Ost-West, entgegengesetzt der scheinbaren Sonnenbewegung) um jährlich 50,26 Bogensekunden; ein voller Umlauf dauert rund 25.780 Jahre (Platonisches Jahr). Der Frühlingspunkt wandert somit durch die Tierkreissternbilder. Hauptursache ist die Verlagerung der Erdachse im Raum infolge der Anziehung des Mondes und der Sonne auf den Äquatorwulst der abgeplatteten Erde (Lunisolarpräzession). Der Nordpol des Himmels beschreibt infolge der Präzession einen Kreis um den nahezu festen Pol der Ekliptik. Unser heutiger Polarstern verliert daher nach einigen Jahrhunderten seine Rolle. Etwa 9000 n. Chr. werden Deneb im Schwan, etwa 13000 n. Chr. Wega in der Leier ungefährer Polarstern sein. Etwa 2000 v. Chr. war Thuban im Drachen Polarstern. Über diese fortschreitende Bewegung lagert sich eine periodische Schwankung, die Nutation. (Aus Bertelsmann Lexikon 1997)

v. Chr. und mit dem bisher ermittelten Durchschnittswert geologischer Schätzungen für das Quartär-Ende.

Der deutsche Geologe Hartung hat 1860 eine Beschreibung der Azoreninsel hinterlassen, in der von erratischen Strandblöcken, bestehend aus inselfremdem Gestein, die Rede ist. Sie sind wohl durch treibende Eisberge herangefrachtet worden. Das Eis ist abgeschmolzen, die Felsblöcke sind noch da. Und sie liegen auf den heutigen Strandlinien. Also kann es im Azorenraum keine größeren postglazialen Absenkungen mehr gegeben haben. So das Hartung-Argument.

Was ist aber, wenn sich eine solche Absenkung knapp vor Beginn des postglazialen Zeitalters, also genau am Ende des Quartärs ereignet hat? Diese wäre vollendet gewesen, als die postglaziale Abschmelzperiode langsam begann. Und das deckt sich wiederum mit Termiers Ergebnissen. Er beschreibt ja eine mit mächtigen vulkanischen Ausbrüchen verbundene Niveauabsenkung um mehr als 2.000 Meter. Und diese muß sich mit katastrophaler Plötzlichkeit vollzogen haben. Die Eisberge, die die Südreise antraten, trafen nun nicht mehr die Insel Atlantis, sondern nur die Azoreninseln, und somit konnten sie sich ja nur an den heutigen Strandlinien festsetzen! Und seither hat es natürlich keine größere Niveauveränderung mehr gegeben.

Das "Hartung-Argument" beweist also lediglich, daß die von Termier behauptete Absenkung kein langsamer Prozeß gewesen sein kann, der erhebliche Phasen des Postglazials in Anspruch genommen hätte. Denn dann wären jene erratischen Blöcke, die während dieser langen Zeitspanne herangefrachtet wurden, nicht an den heutigen, sondern an den früheren Strandlinien deponiert worden. Aber die Behauptung Platos, daß Atlantis im Verlaufe eines furchtbaren Tages und einer furchtbaren Nacht versunken sein soll, kann durch das "Hartung-Argument" keineswegs widerlegt werden. Es sollte eher als Beweisdokument geführt werden!

Weitere Indizien, auf die sich Muck beruft: Im Azorenraum ist der Meeresboden in dem überall steil abfallenden schmalen Seichtgebiet auffällig reich an scharfen Kanten und steilen Felszacken, wohlerhaltenen, nicht abgerundeten schroffen und tiefen, nicht ausgerundeten Rissen – eine veritable untermeerische Felslandschaft, von der jede Spur ehemaliger Erde radikal weggewischt ist – und das steht in Übereinstimmung mit Platos Bericht. Wäre all dies länger als 15000 Jahre unter der Wasseroberfläche, dann hätte das Meerwasser die den Boden bedeckende Lava angefressen und die scharfen, feinen Profilierungen völlig zerstört. Daneben wirken mechanische Kräfte: Abrasion, Erosion und Brandungseffekte. Sie schleifen und runden alle Spitzen und Kanten. Weil der ganze Meeresboden unterhalb der heutigen Brandungszone aber scharf und profiliert geblieben ist, kann es gar nicht langsam untergegangen sein. Die Auffälligkeiten wären weggeschliffen und vernichtet worden. Die Azoren sind also nicht langsam, sondern schnell untergegangen, und das vor weniger als 15.000 Jahren, genauso, wie Plato es gesagt hat.

Beide Bilder von der Tikal-Pyramide.

Oben: Die Sphinx (Quelle: Klaus Horn)

Unten: Die Monumental-Statuen auf der Osterinsel. Wer erbaute sie? (Quelle: W.-Jörg Langbein)

Kapitel 3: Bevor die Sintflut kam

Weltmacht Atlantis ∴ Von Lemuria, Mu und Kasskara ∴ Die Antarktis-Connection ∴ Das Geheimnis der Osterinseln

Plato spricht davon, daß die Könige von Atlantis nicht nur über die eigentliche Insel, sondern auch über viele andere Inseln herrschten. Einige davon könnten die (damals vermutlich größeren) Inseln im Bereich Bimini/Bahamas sein, und interessante Funde wurden in dieser Gegend im Jahre 1959 auch tatsächlich gemacht. Der Archäologe Dr. Manson Valentine entdeckte damals die sogenannte Bimini-Straße im Bereich der Bahama-Inseln. Im seichten Wasser der Kleinen Bahama-Bank – und zwar nördlich der Bimini-Inseln – fand er im Sand riesige quaderförmige Felsblöcke von drei bis sechs Metern Kantenlänge. Sie waren in parallelen Reihen angeordnet wie ein riesiges Pflaster einer Straße oder einer Mauerkrone. Diese Steinformation erstreckt sich über eine Länge von mehreren 100 Metern, und dann verschwindet sie im Sand. 50 km südlich der Bimini-Inseln fand Valentine auf der Großen Bahama-Bank in nur vier Meter Wassertiefe lange Steinreihen und dunkelfarbige rechteckige Steinblöcke, und östlich dieser Inseln entdeckte Valentine eine riesige mauerartige Steinanlage in Gestalt eines Dreiecks. Ein etwa 100 m langes Rechteck schloß sich an, und dieses Gebilde war von einem Steinwall umgeben, durch den sich quer ein Kanal zieht. Nördlich der Anlage wurden noch drei kreisförmige Steinkonstruktionen gefunden. Valentine soll 30 Plätze lokalisiert haben, in denen sich derartige Ruinen befinden dürften.[26]

Dieser Fund bestätigt Plato, wenn man davon ausgeht, daß Atlantis tatsächlich im Azoren-Gebiet gelegen hat und wenn man die vom Philosophen erwähnten gegenüberliegenden Inseln mit heranzieht.

Über den Herrschaftsbereich der Atlantischen Könige schreibt Plato:

"Auf jener Insel Atlantis hatte die große und bewundernswerte Macht der Könige ihren Sitz und regierte über die gesamte Insel, viele andere Inseln und Teile des Festlandes; auch herrschte sie dort noch über die Teile innerhalb Libyens bis nach Ägypten (sowie) über die Teile von Europa bis zum Tyrrhenischen Meer."[27]

"Dieselbe Macht (der Könige mit Sitz auf Atlantis) hatte sich in Eins den ganzen Raum (Topos) verbunden, als sie den in Eurer und den (Raum) in Eurer

---

[26] Aschenbrenner 1993.

[27] Timaios 25 a, n. Barbara Pischel.

Nähe sowie den innerhalb der Meerenge durch einen einzigen Ansturm sich zu unterjochen plötzlich Hand anlegte."[28]

Da ist die Rede von Teilen des Festlandes. Ich habe keinen Zweifel daran, daß mit diesem Festland Amerika gemeint ist, denn Amerika wurde von Plato an mehreren Stellen als ein "Festland" bezeichnet, und die östlichen Gebiete werden separat erwähnt. So eine Kolonie könnte z.B. das hochentwickelte Tiahuanaco gewesen sein, da Tiahuanaco ebenfalls einer Katastrophe – vermutlich einer Folgekatastrophe des Atlantis-Unterganges – zum Opfer gefallen war.

Teile von Europa bis zum Tyrennischen Meer – also das Mittelmeergebiet – werden als nächstes erwähnt. Die Megalithkulturen scheinen dies zunächst zu bestätigen. Diese Kultur der Großsteinbauten hat sich offensichtlich maritim an den Küsten und Flußmündungen West- und Nordwesteuropas verbreitet, und sie scheinen auf das Vorhandensein einer hohen Kulturstufe hinzuweisen. Ein Beispiel hierfür ist Carnac. Die Sache hat allerdings einen Schönheitsfehler. Denn diese Kultur existierte nicht vor 5000 v. Chr. War diese Megalithkultur lediglich ein schwaches Abbild einer *früheren* hochentwickelten Kultur? Hat man versucht, nach dem Abklingen der Katastrophenfolgen das Erbe von Atlantis anzutreten – aus der Sehnsucht nach den einstigen goldenen Zeiten?

Es gibt Stimmen, die der Meinung sind, daß es sich bei dieser Kultur um das ursprüngliche Atlantische Imperium gehandelt habe[29], was ich jedoch stark anzweifle. Da es zur Zeit von Atlantis im Norden bitter kalt war, dürfte sich die atlantische Kolonisationstätigkeit vermutlich auf Südeuropa erstreckt haben: Nach dem Ende der Katastrophe könnten einige einen Teil des ursprünglichen Wissens noch bewahrt haben, um es zur Errichtung dieser Monumente zu verwenden und sie bis in den nun gemäßigten Norden Europas hinzutragen. Nach einer Weile ging das Wissen verloren, und die Kultur war dahin.

Mancherorts wird auch der Versuch gemacht, die Anlage der Megalithbauten in das Jahr 10000 v. Chr. zurückzuschieben: Dagegen spricht meines Erachtens erstens die Tatsache, daß – wie einer der Autoren, die diese These vertreten, selbst zugibt[30] – die Indizienkette, die seine Quellen aufweisen, "für einige Leser zu schwach ausfallen könnte", und zweitens – und das ist für mich wesentlicher – daß diese Megalithkultur ja auch im vereisten Nordeuropa Be-

---

[28] Timaios 25 b, n. Barbara Pischel.

[29] Braem 1992.

[30] Matthias Kappel in seinem Artikel "Ursprung der Megalithbauten v. 10.000 Jahren" IN: Mehner 1994.

stand hatte; und ich glaube nicht, daß dort zur damaligen Zeit irgendjemand Interesse daran gehabt hat, solche Monumente ins Dauereis zu setzen.

Dann erwähnt Plato den Angriff auf Ur-Athen, das sich allerdings einer Kolonialisierung offenbar zu entziehen wußte.

Es gibt alte arabische Legenden, die behaupten, daß in den Monumenten des Gizeh-Plateaus altes Wissen gespeichert sei. So schrieb der arabische Historiker Al-Makrizi, daß ein ägyptischer König namens Saurid 300 Jahre vor der Sintflut mit dem Bau der Pyramiden begonnen habe, um das gesamte Menschheitswissen der damaligen Zeit zu sichern und über die Katastrophe hinwegzuretten. Gemäß diesem Historiker sei auf der Spitze der Großen Pyramide eine Schrift angebracht worden, die auf den Erbauer schließen ließ, sowie auf die Bauzeit von 6 Jahren. Und dieser König Saurid soll identisch sein mit dem griechischen Hermes und dem ägyptischen Idris.[31]

Es gab also allem Anschein nach nicht nur ein prä-dynastisches Ägypten, sondern offenbar auch ein prä-diluviales, das in der Zeit vor dem Untergang von Atlantis, der lt. Plato etwa 9.000 Jahre vor seiner Zeit stattgefunden haben soll, existierte. In dieser Zeit des vorsintflutlichen Ägyptens sind allem Anschein nach die Pyramiden, auf jeden Fall aber die Sphinx, errichtet worden.

Ähnliches wie Al-Makritzi wird uns auch von dem amerikanischen Seher Edgar Cayce mitgeteilt. Dieser Prophet war ursprünglich Fotograph, jedoch entdeckte er in den 30er Jahren mehr und mehr seine Begabungen als Heiler. In Trance gab er Anweisungen, mit denen er kranken Menschen hilfreiche Tips gab. Diese "Trance-Sitzungen" nannte der größtenteils in Virginia Beach lebende Edgar Cayce "readings".

In diesen Readings schweifte Cayce oft ab. Er erkannte frühere Existenzen seiner Patienten, und die sollen nicht selten im alten Atlantis oder Ägypten gelebt haben. So bildete sich für Cayce bald ein Gesamtbild heraus, das die Zusammenhänge zwischen Atlantis und Ägypten betrifft.

Cayces Aussagen über Ägypten schieben die ägyptische Kultur bis zu einem Datum von ca. 10500 v. Chr. zurück. Cayce beschreibt die ursprüngliche Gesellschaft und Kultur, und er berichtet auch, daß während der letzten Zerstörung von Atlantis eine Einwanderung nach Ägypten stattfand, die einen wichtigen Einfluß auf die ägyptische Kultur hatte.[32]

Ich möchte nun ein paar Readings zitieren:

---

[31] Klaus-Ulrich Groth in seinem Artikel "Nochmals zum Alter der Sphinx" IN: Mehner 1994.

[32] Cayce/Evans; Cayce/Schwartzer; Richards 1988.

"Man wußte in Atlantis, daß es bald zu der Zerstörung des Landes kommen würde, und viele einzelne Menschen versuchten, das Land zu verlassen. Die Entität war unter denen, die nach Ägypten gingen."[33]

"... Es gab Prophezeiungen und Hinweise darauf, daß Atlantis auseinanderbrechen würde, und Ägypten wurde als eine der Gegenden ausgewählt, wo man Aufzeichnungen über diese alte Kultur herstellen und aufbewahren würde."[34]

"Denn diese Entität trug die Verantwortung für die Aufzeichnungen, als die letzten Bevölkerungsteile aus Atlantis in die verschiedenen Gegenden des Erdballes wanderten."[35]

"Die Entität war unter jenen, die bei dem Bau von einigen dieser noch vorhandenen Bauwerke mitgeholfen haben, wie auch bei der Bauplanung der Halle der Aufzeichnungen, die noch entdeckt werden muß, wo viel ans Licht kommen wird."[36]

"Die Entität schloß sich den Menschen an, die die Aufzeichnungen teilweise in Buchstaben des alten oder frühen Ägyptens, teilweise in einer neuen Form der Atlanter, abfaßten. Diese Aufzeichnungen werden vielleicht in einigen wenigen Jahren entdeckt werden, vor allem wenn das Haus oder die Grabkammern der Berichte geöffnet wird."[37]

"Diese Wahrheiten wurden auf Tontafeln niedergeschrieben und zusammen mit der Entität im Grab der Aufzeichnungen aufgeschichtet."[38]

"Frage 5: Wann wurde der Bau der Großen Pyramide wirklich begonnen und beendet?

Antwort 5: Der Bau dauerte 100 Jahre, er wurde zur Herrschaftszeit von Araaraarts Zeit zusammen mit Hermes und Ra begonnen und vollendet."

"Frage 6: Und wann war das bezogen auf unsere Zeitrechnung?

Antwort 6: 10.490 bis 10.390, bevor der Prinz des Friedens nach Ägypten kam."[39]

Dann mit Hermes und Ra... begann der Bau der heute sogenannten Pyramide von Gizeh.[40]

---

33 Reading Nr. 708/l, *25.* Oktober 1934, wie Fußnote 32, mit "Entität" ist die jeweilige Person gemeint, über die ein Reading geschrieben wurde.

34 Reading Nr. 275/38, 16. Januar 1934; sonst wie Fußnote 32.

35 Nr. 378/13, 14. August 1933; sonst wie Fußnote 32.

36 Nr. 519/1, 20. Februar 1934; sonst wie Fußnote 32.

37 Nr. 2531/1, 17. Juli 1941; sonst wie Fußnote 32.

38 Nr. 2329/3.1. Mai 1941; s. w. Fußnote 32.

39 Nr. 57488/6,1 Juli 1932; s. w. Fußnote 32.

40 Nr. 281/43, 8. November 1939; s. w. Fußnote 32.

"... etwa 10.500 Jahre, bevor Christus in das Land kam, gab es zum ersten Mal den Versuch, das zu renovieren und zu vervollständigen, was bereits begonnen worden war, nämlich die Sphinx, ferner auch das Schatzhaus, das ihr gegenüberliegt, also zwischen der Sphinx und dem Nil, in dem diese Berichte aufbewahrt wurden."[41]

Für die Schulwissenschaft(en) Ägyptologie/Archäologie steht es fest, daß die Pyramiden sowie die Sphinx nach 4000 v. Chr. erstellt worden sein müssen. So geht man davon aus, daß die Große Pyramide von Pharao Cheops gebaut worden sei, und zwar in der 4. Dynastie um 2700 v. Chr. Auch der Bau der Mykerinos- und der Chephren-Pyramide sowie der Bau der Sphinx müsse nach 4000 v. Chr. erfolgt sein, der Ägyptologe Cyrel Aldred fixiert den Beginn der 1. Dynastie auf das Jahr 3168 v. Chr. Aber zu dieser Zeit herrschte bereits ein recht hohes Niveau in Ägypten. Der elsässische Philosoph Rene A. Schwaller de Lubicz hatte sich 15 Jahre lang in Ägypten aufgehalten und eine große Anzahl an Material über Ägypten zusammengetragen. Ihm war aufgefallen, daß die Sphinx, vor allem an Nacken und Kopf, beträchtliche Erosionsspuren aufweist. Die Fachwissenschaft war weitgehend der Meinung, daß hierfür der Wüstenwind "Khamesin" verantwortlich gewesen sei. Dieser habe wie ein Gebläse den feinen Wüstensand aufgewirbelt. Und so habe er über die Jahrtausende Millimeter um Millimeter Substanz abgetragen.

Aber de Lubicz las alte Papyrustexte und Reisebeschreibungen, und dabei fiel ihm sehr schnell auf, daß andere Monumente aus der frühdynastischen Periode weitaus weniger Erosionsschäden aufwiesen als die Sphinx. In den 30er Jahren hatte man ganz in ihrer Nähe eine von Pharao Thutmosis IV. errichtete Stele so tief im Sand steckend gefunden, daß nur die abgerundete Oberkante der Witterung ausgesetzt war. In fast 3.400 Jahren hatte sie so wenig durch Wind und Sonne gelitten, daß die eingemeißelte Darstellung noch einwandfrei zu erkennen war. Und dazu ist noch zu bemerken, daß – wie Lubicz feststellt – die Sphinx einen beträchtlichen Teil ihres langen Lebens unter einem schützenden Ruhebett großer Massen von Sand zugebracht hat. Also wurde sie von Wind und Treibsand weitgehend verschont.[42]

Als Napoleon mit seinen Truppen in Ägypten landete und die Sphinx sehen wollte, steckte sie bis zum Hals im Sand. Der neben ihr stehende Tempel war praktisch unsichtbar. Erst 1813 konnte die Figur freigeschaufelt werden. 1888 wurde sie von Mespero wiederum freigeschaufelt, und 1916 notierte Baedecker, daß die Sphinx erneut von Sand bedeckt sei.

---

[41] Nr. 5748/5,30. Juli 1932; s. w. Fußnote 32.
[42] Hope 1993.

Im Klartext heißt das: Die schüsselförmige Bucht, in der die Sphinx liegt, füllt sich alle 30-90 Jahre mit Sand.

Die Untersuchung eines Wissenschaftlerteams der Stanford University im Jahr 1977 ergab, daß die Sphinx aus Kalkstein normaler Härte besteht, also nicht etwa aus besonders weichem Gestein, das sich entsprechend eher bei Erosion abnutzt.

Wenn man davon ausgeht, daß die Sphinx 2700 v. Chr. erbaut worden ist, dann muß man den Schluß ziehen, daß sie den größten Teil ihrer Existenz, etwa 3.330 Jahre im Sand steckend verbracht haben muß. Lubicz ging bei seinen Berechnungen von einem 30-40-Jahre-Turnus aus, den die Wüste braucht, um die Bucht zu füllen. In den 1.300 Jahren zwischen Chephren und Thutmosis müßte demnach die Sphinx rund 1.000 Jahre im Sand verschüttet gewesen sein! Jetzt ist auch klar, warum Herodot die Sphinx nicht erwähnt. Er konnte sie gar nicht sehen, weil sie verschüttet war! Während des Großteils der Christianisierung, die im Jahre 33 n. Chr. begann, steckte die Sphinx ebenfalls größtenteils im Sand. Und de Lubicz hatte nun den Beweis, daß der von Süden wehende Khamesin und Sand nicht für die Erosionsschäden verantwortlich gemacht werden können, denn deren erodierende Wirkung über kürzere Zeiträume ist nachweislich minimal. Dazu muß betrachtet werden, daß wirbelnder Sand ganz typische Erosionsspuren verursacht, wie wir beispielsweise auf den Mesas Nordamerikas beobachten können. Die abrasive Wirkung setzt einen sehr starken Wind voraus und reicht dann nur bis zu etwa 1,80 über dem Bodenniveau. Und diese Konditionen erfüllt der recht harmlose Khamesin nicht! Denn – wie Thomas Mehner in seiner ausgezeichneten Anthologie "Das große Experiment" darlegt – müßten dann auch die Tempelmauern neben der Sphinx eine wesentlich stärkere Winderosion aufweisen, was allerdings nicht der Fall ist. Weiterhin verweist Mehner darauf, daß die riesigen Säulen der Tempel von Luxor und Karnak, die nachweislich nach der Sphinx erbaut wurden, aber viel länger, nämlich seit 3.000 Jahren Wind, Sand und Sonne ausgesetzt sind, fast ohne Erosionsschäden sind.[43]

Amerikanische Teams aus Geologen, Geophysikern und Ägyptologen kamen zu hochinteressanten Untersuchungsergebnissen in Bezug auf die Sphinx. Untersuchungsgegenstand waren die Erosionsbildungen unterhalb der heutigen Bodenoberfläche. Das ganz außergewöhnliche Ergebnis war, daß sich die Schäden nur unter relativ feuchten Klimabedingungen gebildet haben könnten! Während der ersten Dynastien hat es solcherlei natürlich nicht gegeben. Die letzte Feuchtperiode ging vor etwa 7.000 Jahren zu Ende. Die Sphinx, o-

---

[43] Thomas Mehner in seinem Artikel "Die Sphinx – wie alt ist sie wirklich?" IN: Mehner 1994.

der zumindest ihr Sockelbereich, müssen gemäß der Untersuchung also ein entsprechendes Alter haben.[44]

Nilüberflutungen haben zudem niemals so weit gereicht, um die Sphinx zu überfluteten. Auch Thomas Mehner ist sich sicher, daß man Überflutungen von katastrophenartigem Ausmaß annehmen *muß*. Und daraus folgt aber, daß die Sphinx ein vorsintflutliches Bauwerk ist!

In dieser Hinsicht sind auch die Arbeiten der Autoren Robert Bauval und Graham Hancock von Interesse, die in ihrem Buch "Der Schlüssel zur Sphinx" eine These darstellen und belegen, nach der die Sphinx und mit ihr die Pyramiden auf dem Gizeh-Plateau astronomisch ausgerichtet ist – wobei bei dieser Ausrichtung das Sternbild Orion eine besondere Rolle spielt. Das Interessante hierbei: Die Astronomische Ausrichtung muß vor 10.000 Jahren erarbeitet worden sein. Das bestätigt einmal mehr Cayces Aussagen, und es weist auch auf einen kulturellen Hochstand zu jener Zeit hin.

Herodot will auf einer Ägyptenreise erfahren haben, daß die Tempelpriester von Heliopolis ihm ihr Wissen über vergangene Kulturen und über den Untergang von Atlantis anvertraut haben.

Der Atlantis-Forscher Ignatius Donnelly schreibt:

"Der erste ägyptische König war Menes. Zu seinen Zeiten waren die Ägypter schon ein hochkultiviertes Volk. Manetho sagt uns, daß Athotis, der Sohn dieses ersten Königs Menes, den Palast zu Memphis erbaute; daß er Arzt war und anatomische Bücher hinterließ. Die Angaben belehren uns also darüber, daß die Ägypter selbst in dieser frühesten Zeit schon auf einer ganz bedeutenden Kulturhöhe standen. Nach einigen Autoritäten auf dem Gebiet der Ägyptologie gab es bei den Ägyptern lange *vor* Menes schon Architekten, Bildhauer, Maler, Mythologen und Theologen; es war eben schon vor Menes ein zivilisiertes Land mit einem politisch regierten Volke. ... Ernest Renan macht darauf aufmerksam, daß Ägypten schon bei seinem allerersten geschichtlichen Auftauchen ausgereift und alt erscheine ohne Erinnerung an ein mythisches oder heroisches Zeitalter, als ob das Volk gar keine Jugendzeit gehabt hätte. Die ägyptische Kultur hat keine arkadische Periode. Die Kultur dieser alten Monarchie begann nicht, wie anderswo, mit der Kindheit der Völker; sie war schon gänzlich ausgereift."[45]

Nach den Aussagen Herodots, der sich auf Auskünfte ägyptischer Priester stützte, ging die geschriebene Geschichte Ägyptens auf einen Zeitraum zu-

---

44 Groth IN: Mehner 1994.

45 zitiert aus: Hope 1993, S. 232.

rück, der 11.340 Jahre vor Herodots Zeit lag; demnach also von heute an gerechnet 14.000 Jahre in der Vergangenheit.

Die Ägypter waren also ein Volk, das keine Jugendzeit hatte, das plötzlich da war, das gesellschaftspolitisch und wissenschaftlich einiges zu bieten hatte? Ein Volk, das möglicherweise älter war, als von Ägyptologen vermutet wurde und wird?

Rene Schwaller de Lubiczs Stieftochter Lucie Lamy hatte genaue Messungen und Zeichnungen von den Steinen und Skulpturen des großen Tempels zu Luxor angefertigt, die deutlich machten, daß die alten Ägypter eine bis dahin ungeahnte Kenntnis von der Mathematik und von kosmischen Vorgängen besaßen.[46]

Autoren wie Klaus Aschenbrenner sind davon überzeugt, daß viele technische Errungenschaften im Altertum, die heute wiederentdeckt werden, auf eben diesen Antilliden (oder Atlanter) zurückzuführen sind. In seinem Buch "Die Antilliden" beschreibt er Errungenschaften wie Fluggeräte, die auf uralten Abbildungen, und zwar in verschiedenen Kulturen, immer wieder vorkommen, so auch in China. Hier gibt es die Überlieferung von den "Fliegenden Wagen von Tschi-Kung", mit denen das Volk der "Tschi kung" China besucht haben soll, und dieses Volk soll 40.000 LI[47] jenseits des Jadetores entfernt beheimatet gewesen sein. Aschenbrenner vermutet, daß die "Antilliden", die man wohl im großen Ganzen mit den "Atlantern" gleichsetzen kann, dieses geheimnisvolle Volk waren. Die Legende finden wir in dem Werk "Po-Wü-Tschi", das aus dem 3. Jh. stammt. Hierzu ist ein chinesischer Holzschnitt erhalten geblieben, der diese fliegenden Wagen zeigt.[48]

Ebenso interessant in diesem Zusammenhang sind die Überlieferungen der Inder bezüglich der Vimanas, von denen in den Veden die Rede ist, und nicht weniger faszinierend ist die Legende vom "Donnervogel" der Mandan-Indianer.

Charles Berlitz verweist auf eine eigentümliche Sammlung von jahrtausendealten seltsamen Holzvögeln aus ägyptischen Gräbern, die als Dekorationsgegenstände, Modelle oder Spielzeug galten. Nach genauerer Untersuchung wurde festgestellt, daß es sich um funktionstüchtige Modelle von Segelflugzeugen handelt. Dr. Khalil Messiha, der etliche dieser "Vögel" im Jahre 1969 geprüft hatte, wobei ihm sein Bruder – ein Luftfahrtingenieur – geholfen hatte, kam zu dem Schluß, daß ihre für einen Vogel etwas ungewöhnliche Gestalt

---

[46] Nach Hope 1993.

[47] Ein altes chinesisches Längenmaß, wobei 1 LI vermutlich 245 m entsprach.

[48] Nach Aschenbrenner 1993.

sich hervorragend zum Gleitflug eignet. Ein Schubs mit der Hand genügt, und sie fliegen weg. Messiha wies auch darauf hin, daß normale Vögel keine Seitenruder haben und meinte, daß die Flügel dieser ungewöhnlichen Vögel denen eines Flugzeugs ähnelten und mit dem Rumpf einen korrekten Winkel einschlössen.

Charles Berlitz bildet in seinem Buch "Dr. 8. Kontinent" auf S. 185 ein Artefakt aus einem Grab in Kolumbien ab, welches auf etwa 1400 v. Chr. datiert wurde. Gemäß Charles Berlitz wurde das Objekt, das ursprünglich für einen Vogel oder ein anderes Tier mit Flügeln gehalten wurde, von Piloten und Sachverständigen untersucht und jene hätten eine Reihe von Merkmalen gefunden, die man bei Vögeln oder anderen fliegenden Tieren nicht findet. Das Artefakt scheint z.B. ein Querruder aufzuweisen sowie ein Heckleitwerk, ein kastenförmiges Motorengehäuse und ein Cockpit. Insgesamt gleiche das Objekt nicht einem Vogel, sondern einem Kampfflugzeug mit Deltaflügeln; und auch mir scheint es, daß die Flügel tatsächlich etwas mit Deltaflügeln gemein zu haben scheinen.[49]

Pyramidenbauten in aller Welt lassen auf ein Weltimperium schließen: Pyramiden wurden in folgenden Gebieten gefunden: Im Nildelta, in Mesopotamien, in Arabien, auf den Inseln im Persischen Golf in Mexiko, in Peru und Kolumbien (pyramidenförmige Tempelanlagen der Inkas, Mayas und Azteken), sowie in Ecuador und auf den kanarischen Inseln. In den letzten Jahren wurden sogar Pyramiden in China entdeckt, und neuerdings kursieren im Internet Fotos, die deutlich Stufenpyramiden vor der Küste Japans zeigen![50] Pyramidenähnliche Bauwerke wurden im Indus-Tal und auf den Malediven gefunden.

Weiter soll im Jahre 1977 eine Unterwasserpyramide auf dem Grund des berüchtigten Bermuda-Dreieckes gefunden worden sein.[51]

Interessant ist auf alle Fälle, daß Plato von Einbalsamierungen der Toten auf Atlantis gesprochen hat. Und diese Gepflogenheiten finden wir bekanntlich in Ägypten wieder, aber auch in Peru sowie auf den kanarischen Inseln, wenn auch nur mit einem geringeren Grad an Perfektion. Aber: Mumifizierungen östlich *und* westlich von der Stelle, nach der allem Anschein nach Atlantis gelegen hat. Ein Einfluß des atlantischen Imperiums auf Mittelamerika scheint mir aufgrund der genannten gemeinsamen Bräuche unübersehbar zu sein. Plato hatte ja auch beschrieben, daß es von Atlantis aus eine Leichtigkeit gewe-

---

49 Nach Berlitz ohne Jahresangabe.
50 http://www.lauralee.com/japan.htm
51 Nach Berlitz 1977.

sen sei, zu den gegenüberliegenden Inseln, die wir mit dem Bahama/Biminis-Gebiet identifiziert haben, und von dort aus zum Festland, womit wohl Amerika gemeint war, zu gelangen. Also Kolonisationstätigkeit von Atlantis in Mittel- und Südamerika? – Es wäre zu vermuten.

Hatte das atlantische Imperium aber eine Ausdehnung bis nach China? Auch daran müssen wir nicht zuletzt aufgrund der Entdeckungen von Hartwig Hausdorf, der Pyramiden in China gefunden hat, denken.

Ein Volk, das keine geringen Rätsel aufgibt, ist die geheimnisvolle Kultur der Sumerer.

Es scheint keinen Zweifel daran zu geben, daß die sumerische Kultur *plötzlich* entstand. Besonders der Autor Zecharia Sitchin betont, daß der Mensch 10 Mio. Jahre gebraucht hätte, um einen gewissen Umgang mit primitiven Werkzeugen etc. zu erlernen, während man nur 50.000 Jahre seit der Neandertaler-Zeit gebraucht hätte, um Menschen auf den Mond zu schießen. Sitchin beruft sich auf Funde in der Schanidar-Höhle in Mesopotamien, die in der Zeit von etwa 100000 bis 13000 v. Chr. Wohnstätte von Menschen gewesen sein soll. Von etwa 27000 bis 11000 v. Chr. soll die zusammenschrumpfende Bevölkerung auf ein Niveau gesunken sein, auf dem es fast keinen Wohnsitz mehr gab. In etwa 16.000 Jahren verschwand der Mensch – vermutlich aus klimatischen Gründen – aus diesem Gebiet. Vor ungefähr 11.000 Jahren erschien aber der vernunftbegabte Mensch wieder mit neuer Kraft und einem deutlich höheren kulturellen Niveau.

Sitchin will aus alten sumerischen Steintafeln und sumerischen Göttersagen herauslesen, daß Außerirdische diesen Kultursprung ermöglicht hätten, indem sie durch genetische Manipulationen aus irdischen "Urmenschen" vernunftbegabte Wesen machten, die nach ihrer Erschaffung durch die Außerirdischen als billige Arbeitskräfte für die Aliens tätig sein sollten – vorzüglich um Erz abzubauen. Die Außerirdischen selbst kämen gemäß Sitchin von einem Planeten unseres Sonnensystems, der sich zwischen Mars und Jupiter bewege und der seit einer Naturkatastrophe vor Urzeiten, bei dem die Erde aus einem älteren Planeten hervorgegangen sei, auf einer extrem langgestreckten elliptischen Bahn seines Weges ziehe, und der sich die meiste Zeit über (wie jetzt auch wieder) weit außerhalb der Reichweite unserer Beobachtungsmöglichkeiten befände. Allerdings ist diese These astronomisch nicht haltbar.

Sitchin weist aber auf eine wichtige Sache hin. Es geht um das semitische Wort "schem", das vom älteren sumerischen Ausdruck "mu" abgeleitet wird, welches wiederum gemäß alten sumerischen Texten auf eine Art "Himmelskammer" hinweist. Dies wird auch aus Abbildungen ersichtlich.

Eine Hymne auf die Göttin Ischaschar besagt folgendes:

Herrin des Himmels
Sie legt das Himmelsgewand an, steigt kühn zum Himmel auf
über alle bevölkerten Länder fliegt sie in ihrem MU
Herrin, die Du in Deinem MU
fröhlich Dich schwingst zu den Himmelshöhn über alle die ruhenden Orte
fliegt sie In ihrem MU.

Nun bedeutet "schem" auch "das, was im Gedächtnis bleibt" und folglich wird es mit "Name" übersetzt. "Sein Name soll die Länder erfüllen." (Königliche Inschriften in Sumer und Akkad). Weiter. "Dein *Name* strahlt aus, er erreicht den Zenit des Himmels".

Nun wurden tatsächlich Skulpturen ausgegraben, die scheinbar einen Gott in einer raketenartigen Kammer darstellen. Und diese Götter durften nur in deren Haus angebetet werden. Jetzt wollten – so meint Sitchin – die Sumerer und Akkadier aber ihre Götter nicht nur dort, sondern auch in ihren Häusern anbeten, und folglich wurden dort Imitationen aufgestellt. Bald stellten die (irdischen) Könige und Herrscher selbst solche Bildnisse von Raketen her, in die sie ihr *eigenes* Bildnis einmeißelten – in der Hoffnung, so selbst mit dem ewigen Wohnsitz der Götter in Verbindung gebracht zu werden. Da sie natürlich der körperlichen Vergessenheit nicht entgehen konnte, wollten sie dafür sorgen, daß wenigstens ihr *Name* für immer im Gedächtnis blieb. Und so wurde aus „Himmelskammer" "Name". Ursprünglich bedeutete er "Fluggerät". Sollten die Ur-Sumerer Flugzeuge konstruiert haben oder Teil des atlantischen Imperiums gewesen sein?[52]

Interessanterweise weist der Ägyptologe Wallis Budge daraufhin, daß die Kulturen der Sumerer und Ägypter auf eine ziemlich alte gemeinsame Quelle zurückzuführen seien.[53]

Viele denken, diese gemeinsame Quelle sei eine außerirdische gewesen. Außerirdische Lehrmeister seien hier gewesen, um aus Affen Menschen zu machen und deren Entwicklung zu überwachen. Entweder seien sie über die Jahrtausende hinweg hiergeblieben, oder sie würden in regelmäßigen Abständen hierher zurückkommen, um ihr Werk zu begutachten. Da kommen also Außerirdische von sehr weit her, und nicht nur einmal, sondern ständig, was an sich schon recht unwirtschaftlich ist, und was sie hier zu sehen bekommen – Kriege, Zerstörung der Umwelt usw. – ist nicht gerade sehr erbaulich. Sollten wirklich Außerirdische sich die Mühe gemacht haben, auf einem Planeten

---

52 Nach Sitchin 1989.
53 Temple 1985.

am Rande der Milchstraße Leben zu forcieren, um später seelenruhig zuzusehen, wie dieses mehr oder weniger intelligente Leben sich selbst den Todesstoß gibt? – Ich kann es mir nicht so recht vorstellen. Wohl aber kann ich mir vorstellen, daß die Kulturen der Ägypter und Sumerer bereits vor der Sintflut existiert und dort zum Atlantischen Empire gehört haben.

Wenn wir uns den Pyramidengürtel und die Länder ansehen, in denen Flugzeuglegenden existieren oder in denen bereits Flugzeugmodelle gefunden worden sind, dann können wir eine Zone ausmachen, die sich etwa um das mittlere Drittel unseres Planeten spannt.

Das obere Drittel des Planeten war vereist, eine hohe Kultur dürfte sich dort wohl kaum herausgebildet haben. Aber was ist mit dem unteren Drittel?

Ostermontag im Jahre 1722: Der niederländische Admiral Jacob Roggeveen schickt sich an, kleine Inseln im Pazifik zu erkunden. Einen Tag lang hatte man gespannt vor ihnen geankert, und nun soll es soweit sein. Als Roggeveen endlich auf einer der Inseln ankommt, stockt ihm der Atem. Hier existieren Menschen – Menschen verschiedener Hautfarbe. Und diese Menschen stehen vor riesigen Statuen und beten diese an! Man berichtet in der Heimat: "Auf der pazifischen Inselgruppe, die wir am Ostermontag betreten haben, stehen große langgestreckte Köpfe, die aus Ton und Erde, vermischt mit Kies, hergestellt worden sind."

Später fand eine spanische Delegation heraus, daß diese Figuren auf den "Osterinseln" aus Stein gehauen waren.

Aber wie haben die Bewohner dieser kleinen Insel es fertiggebracht, diese Statuen zu meißeln? Wie hatte man die Riesenköpfe transportiert und auf die Körper gehievt? Auf der Insel gab es keinerlei Bäume und keine Seile, die dieses Unterfangen hätten ermöglichen können.

Weitere Expeditionen zu dieser geheimnisvollen Inselgruppe wurden unternommen. Befragungen der Bewohner ergaben nichts. Die Einwohner schienen nichts zu wissen. Zudem hatten die Insulaner keinerlei Ähnlichkeit mit den Statuen. Über 600 Statuen stehen auf dieser Insel, und niemand weiß, wie sie dorthin gekommen sind, wo sie heute stehen. Bis zu 20 Tonnen ist eine einzelne Statue schwer. Die Höhe beträgt vier bis sieben Meter. Weitere 200 Steinköpfe wurden scheinbar angefangen, aber nicht fertiggestellt.

Und als ob diese Rätsel nicht genug wären, gesellte sich noch ein weiteres hinzu: Die Insulaner besaßen gravierte Holztafeln, die sie *Rongo-Rongo-Tafeln* oder *singende Tafeln* nannten. Diese Tafeln zeigten eine Bildinschrift, aber keiner der Bewohner konnte sie lesen.[54] Auch der Sprachforscher Charles Berlitz hat sich mit diesem Rätsel befaßt, und er ist der Ansicht, daß es sich bei dieser geheimnisvollen Schrift um ein Silbenalphabet handelt, das aus mehr als fünfhundert Zeichen besteht. Einige der Glyphen stellen menschliche Figuren dar, während andere lineare Zeichen sind. Berlitz stellte fest, daß die Schriftzeichen eine frappierende Ähnlichkeit mit der Schrift einer verschwundenen Kultur auf der anderen Seite der Welt aufwiesen. Es handelt sich um das Industal in Pakistan, wo einst die großen Städte Mohenjo-Daro und Harappa lagen. Ihr Alter wird auf 4.500 Jahre geschätzt. Sie gehören zu einer vorgeschichtlichen Kultur in Indien, die sich über das gesamte Industal erstreckte. Es gab dort dicht bevölkerte Städte mit Backsteinbauten, Wasserleitung, Kanalisation und sogar Anlagen zur Müllbeseitigung. Diese Kultur wurde durch eine Invasion aus dem Norden vernichtet.

Die Kultur des Industales wird für die gleiche Zeit angesetzt wie die der Sumerer. Nur – die Schrift der Sumerer können wir lesen – die der ehemaligen Industal-Kultur leider nicht. Mit den Menschen verschwand auch die Sprache. Aber wie kommt es zu dieser verblüffenden Ähnlichkeit der Schriftzeichen im Indus-Tal mit denen auf den Osterinseln?[55]

Walter Jörg Langbein weist auf die Sage von einem alten Reich hin, das *Maori Nuinui* oder *Groß Maori* hieß. Dieses Reich soll sehr weit westlich von der Osterinsel gelegen haben. Regiert wurde es von König Taenen Arei, während eine große Notzeit herrschte. Das Land begann zu sinken – Stück für Stück. Da ergriff der Sohn des Königs, Hotu Matua, die Initiative. Seine besten Seeleute wurden ausgeschickt, um eine neue Insel zu entdecken – erfolglos. Die Bewohner der Insel begannen, sich in ihr Schicksal zu fügen. Gemäß der Überlieferung habe dann ein "fliegender Gott" – Make Make – interveniert. Jener trug den Priester Hau Maka durch die Lüfte und setzte ihn auf einer Insel ab, die diesem fremd war. Make Make erklärte dem staunenden Priester, wie man von seiner sinkenden Heimat zur neuen Insel kommen könnte. Er zeigte ihm Felsenriffe und Vulkane, und – was auch sehr interessant ist – "er gab allen Dingen, die der Priester nicht kannte, einen Namen." Am Fuße eines Vulkans entdeckte Hau Maka "weiches Gestein" – Langbein hält dies für einen möglichen Hinweis auf noch nicht ganz erstarrte Lava. Jedenfalls sanken, als der Priester näher herantrat, seine Füße darin ein, und deutliche Abdrücke blieben zurück.

---

54 Mackowiak 1997.

55 Berlitz 1972.

Make Make betätigte sich nun noch als Lehrer und Unterweiser. Er zeigte dem Priester, wie man Schilfrohr verwendet, unterwies ihn im Häuserbau, und dann brachte er Tau Maka zurück in seine Heimat und verschwand in den Lüften. "War es ein Traum?" fragte sich der Priester. Doch zu wirklich erschien ihm das Erlebte. Und so berichtete er alles, was er erlebt hatte, seinem König. Der hatte nun wirklich nichts mehr zu verlieren und schickte seine besten Seeleute los. Nach 30 Tagen fanden sie die Insel, und so konnten die vom Untergang bedrohten Groß-Maorianer in ihre neue Heimat auswandern. Diese neue Heimat war – die Osterinsel. Ihre Urheimat war versunken. Die Späher entdeckten auch tatsächlich die Spuren, die der Priester hinterlassen hatte.

Walter Jörg Langbein befragte Experten. So hielt der Osterinsel-Experte Paul Teave die Überlieferungen für authentisch. Der Forscher Fritz Felbermayer äußerte sich Langbein gegenüber ähnlich. Felbermayer weist darauf hin, daß immer, wenn sich ein Erzähler irrte, er vom Rest des Volkes zurechtgewiesen wurde, so daß die Geschichte, so wie sie ursprünglich war, erhalten geblieben ist. Der Forscher stellte sich Maori Nuinui als eine Inselgruppe vor, und er war sich sicher, daß auf einer dieser Inseln tatsächlich der König Hotu Matua lebte. Eine Stelle besagt, daß fünf von den Neuangekommenen die Insel öde fanden und wieder in ihr Boot stiegen, um zurück in ihre Heimat zu fahren, *die in Richtung der sinkenden Sonne lag.* Sie kamen also aus dem Westen. An der Universität von Cambridge durchgeführte Blutproben bestätigten dies. Das Blut von Menschen, die aus dem Raum Polynesien, aus Peru und von der Osterinsel stammten, wurde untersucht. Für die Anthropologin Erika Hagenberg gibt es keinen Zweifel: "Die Osterinsel wurde von Polynesien aus besiedelt."[56]

Über einen ehemaligen Kontinent im Südpazifik machten sich in der Vergangenheit schon viele Menschen ihre Gedanken, und sogar Biologen vermuteten eine Zeitlang einen hypothetischen Kontinent im Südpazifik. Sie wollten damit die Herkunft bestimmter Tierarten, die es nur auf Madagaskar gibt, beispielsweise der Lemuren, erklären.[57] Darüber hinaus hatten auch Geologen und Paläontologen merkwürdige Ähnlichkeiten zwischen den Felsen und Fossilien besonders bei Südafrika und Südindien festgestellt.[58] Mittlerweile fand man allerdings andere Möglichkeiten, um die Herkunft der Lemuren zu erklären.[59]

---

[56] Langbein 1996.
[57] Berlitz 1972.
[58] Mackowiak 1997.
[59] Mackowiak 1997.

Im 19. Jahrhundert geisterte der Begriff "Mu" durch die Welt. Die französischen Amerikanisten Le Plongeon und Charles Etienne Brasseur de Bourbourg gelangten, nachdem Le Plongeon eine Maya-Chronik übersetzt hatte, zu dem Schluß, in dieser Chronik sei von einem versunkenen Land "Mu" die Rede.[60] Die Übersetzung lautet im Detail: *"In dem Jahre 6 Kann, an dem 11. Monat Zac, ereigneten sich schreckliche Erdbeben, die ohne Unterbrechung bis zum dreizehnten Chuen andauerten. Das Land der Lehmhügel, das Land von Mu wurde geopfert: zweimal emporgehoben, verschwand es plötzlich in der Nacht, während das Talbecken dauernd von den vulkanischen Kräften erschüttert wurde. Dies ließ das Land mehrmals an verschiedenen Stellen absinken und emporsteigen. Zuletzt gab die Oberfläche nach, und zehn Länder wurden auseinandergerissen und getrennt. Da sie den Erdbeben nicht standhalten konnten, versanken sie mit ihren 64.000.000 Bewohnern 8.060 Jahre, bevor dieses Buch geschrieben wurde."*[61]

Der *Codex Trojano*, aus dem diese Textstelle stammt, ist ein Teil von drei Maya-Texten, die von der im 16. Jahrhundert vom Bischof Landa von Yukatán angeordneten allgemeinen Bücherverbrennung, entgingen. Das ursprüngliche Motiv von Brasseur de Bourbourg und Le Plongeon war es, eine Verbindung zwischen der Maya-Kultur von Yukatán und der von Atlantis nachzuweisen. Nun entdeckte Brasseur de Bourbourg im Jahre 1864 in den Archiven von Madrid ein von Landa zusammengestelltes Maya-Alphabet. Allerdings basierte dieses Alphabet, wie der Sprachforscher Charles Berlitz anmerkt, auf völlig falschen Voraussetzungen. Vermutlich benutzten die Mayas nämlich gar kein Alphabet, sondern eine Mischung aus Hieroglyphen und phonetischen Symbolen. Als Landa die Indianer nach den Buchstaben fragte, bekam er von jenen nur das "Wort" zu hören, das dem spanischen Klang des Buchstaben, nach dem im Einzelnen gefragt wurde, am ähnlichsten war. Das von Landa zusammengestellte "Alphabet" ist also im Grunde genommen nichts anderes als die Zusammenstellung klangähnlicher Wörter, und somit ist die oben dargestellte von Le Plongeon durchgeführte Übersetzung ziemlich wertlos, ebenso wie die von Brasseur, die da lautet: *"Im sechsten Jahre Cans, am elften Muluc des Monats Zac, ereigneten sich schreckliche Erdbeben und dauerten an bis zum dreizehnten Chuen. Das Land der Lehmhügel Mu und das Land von Moud waren [die] Opfer. Sie wurden zweimal erschüttert und verschwanden plötzlich in der Nacht. Die Erdkruste stieß durch die unterirdischen Kräfte an vielen Stellen ständig höher und sank [an anderen] ab, bis sie solchem Druck nicht mehr standhielt, und viele Länder wurden durch tiefe*

[60] Berlitz 1972.

[61] Zitiert aus: Berlitz 1976.

Schluchten voneinander getrennt. Schließlich konnten beide Provinzen solch ungeheurem Druck nicht standhalten und sanken in den Ozean mit 64.000.000 Bewohnern. Es geschah vor 8.060 Jahren."[62]

Trotzdem haben die Begriffe "Mu" und "Lemuria" ihren festen Platz in der Esoterik und Theosophie. Die beiden Begriffe werden oft als Synonym für einen verloren Kontinent im Pazifischen Ozean angesehen.

Allerdings sagt Edgar Cayce ganz klar, daß "Lemuria" mit "Mu" gleichzusetzen sei und daß dieser versunkene Kontinent tatsächlich im Süden gelegen hätte.

Er sagt:

"In der früheren atlantischen Periode begann der Südpazifik oder Lemuria zu verschwinden – noch vor Atlantis, denn die Veränderungen, wurden über die neueren Teile dieser Periode gebracht oder was 10.700 Lichtjahre dauerte, oder Erdenjahre oder gegenwärtiger derartiger Festlegung, wie sie bei Amilus oder Adam war." [63]

Hier scheint Cayce Schwierigkeiten mit der Beschreibung der Zeiträume zu haben, und tatsächlich scheint er anzudeuten, daß ein "Jahr" nicht immer mit dem heutigen Jahr von 365¼ Tagen identisch war. Ich glaube auch nicht, daß der Seher mit "Lichtjahre" den astronomischen Begriff meint, vielmehr scheint es sich um einen Versuch zu handeln, zu beschreiben, daß in jedem "Zeitalter des Lichtes" der Zeitlauf ein anderer war als heute.

Interessanterweise gibt es eine Sage von "Vormond-Menschen", die zu Platos Zeiten in Griechenland existierten. Der Autor Fritz Nestke ist der Meinung, daß es durch das Einfangen des Mondes zu Naturkatastrophen wie Vulkanausbrüchen kam, und daß sich die Rotationsachse der Erde änderte, so daß die Jahreszeiten erst mit dem Mondeinfang begannen. Nestke zitiert sehr interessante Stellen aus Platos Dialogen, in denen von Zeiten die Rede ist, in denen die Sonne im Westen- auf und im Osten unterging – eine Parallele zu den Aussagen in Immanuel Velikovskys Büchern.[64] Auch Velikovsky spricht von Zeiten, in denen die Sonne "umgekehrt" über den Himmel zu laufen schien.[65] Hans J. Andersen,[66] sieht als Ursache des Poseidonis-Unterganges (dieser Au-

---

62 Wie Fußnote 61.

63 Reading 364-4, wie alle nachfolgenden Readings der Internetseite "http://wrld.net/~bluapple/atl.htm" entnommen und übersetzt.

64 Siehe den Artikel "Globale Umkehrung" von Fritz Nestke in der Materialsammlung "Das Große Experiment (Th. Mehner Hrsg.), s. auch den Artikel "Die vergangene Gegenwart – Mit dem Mond kamen die Jahreszeiten" vom gleichen Autor (gleiche Materialsammlung).

65 Velikovsky 1994 (Welten im Zusammenstoß).

66 Siehe "Polsprung und Sintflut" von Hans-J. Andersen.

tor sieht Poseidonis als den letzten Teil von Atlantis an, der um 6000 v. Chr. untergegangen sein soll) eine Polwende. Darunter versteht er ein Ereignis, bei dem die magnetischen Pole der Erde aufgrund eines "kosmischen Blitzes", also einer Beeinflussung des Magnetfeldes durch einen an der Erde vorbeiziehenden Himmelskörper, quasi vertauscht wurden, so daß die Erdkruste aufgrund der nun eingetretenen magnetischen Abstoßung über den Äquator "rutschte", bis der Nordhimmel unter den Südpol geraten ist und umgekehrt. Das Resultat hierbei: Ein Sonnenaufgang im Westen und ein Sonnenuntergang im Osten! Poseidonis hatte gemäß Andersen eine nördliche Lage. Bekanntlich ist der Erdumfang am Äquator um einige Kilometer größer. Der Erdumfang auf dem Hauptkreis über Poseidonis war geringer und reichte für den Äquatorwulst nicht aus. Daher entstanden beim Polwende-Rutsch ungeheure Zerrkräfte, die dazu geführt haben, daß die Erdhaut riß, und zwar genau dort, wo bereits eine Schwachstelle, die Reißnaht, die auch Muck erwähnt, war. Durch diesen "Riß" sank, gemäß Andersen, Poseidonis.

Dieser Autor bezieht sich z.T. auch auf Seherzeugnisse. Er ist sich ziemlich sicher, daß sich sowohl die Jahres- und die Tageslänge als auch die Umlaufrichtung der Erde um die Sonne mehrmals verändert haben, und zwar nach jeder "Polwende". Dieses Ereignis soll ja laut Andersen des öfteren vorgekommen sein.

Will Cayce etwas Derartiges andeuten? Wir kommen zum nächsten Cayce-Reading, in dem "Lemuria" erwähnt wird:

"Die ENTITY war in jenem Land, das Zu, Lemuria oder Mu genannt wurde. Das war vor dem Aufenthalt der Leute in perfekter Körperform; vielmehr könnte von ihnen gesagt werden, daß sie dazu in der Lage seien – durch diese Entwicklungen in dieser Periode – im Körper oder außerhalb desselben zu sein und auf die Materie einzuwirken. Im Geist oder im Fleisch verursachten diese Dinge, diese Einflüsse die Zerstörung; für die Atmosphäre der Erde in jener Periode, die sich von dem Erleben der heutigen Wesen vollkommen unterschied."[67]

Auf diese etwas abenteuerlich klingende Passage werden wir später noch einmal zurückkommen. Die Menschen von Mu – halbe Geistwesen?

"Die ENTITY war in dem Land, das nun das Atlantische genannt wurde. Dort war die ENTITY eine Priesterin. Denn die ENTITY gehörte zu den Leuten des Gesetzes des Einen, und während des Aufbrechens des Landes selbst und dem Beginnen des Exodus dieser Leute war sie unter jenen, die dorthin auswanderten, was nun das Yukatán-Land oder das Isthmus-Land genannt wird. Und

[67] Reading 436-2.

mit dem Ausbilden der Tätigkeiten in Bezug auf die Gründung des Tempeldienstes, der Anwendung der Tempeltätigkeit zur Kommerzialisierung – oder diese Tätigkeiten, in dem viel von dem, was wir heute "neue Entdeckungen" nennen würden, war, waren diese jedoch ein Teil der verbindenden Tätigkeiten der ENTITY während dieser Erfahrungen. Und als das, was hier gesagt wurde, geschah, fürwahr in jener Periode, als es eine Tätigkeit gab, in der diese Teile des Landes entdeckt wurden, die übriggeblieben sind von Lemuria oder Mu – was nun das untere Kalifornien ist, Teile des Tales des Todes, hielt sich die ENTITY dort auf, um zu sehen und zu wissen. Und während dieser Erfahrungen wurde viel aufgebaut, was für die ENTITY von Interesse sein könnte, das wird ein Teil der Entdeckungen in der Natur oder natürlichen Formationen, in dem nun die Canyon-Insel ist, sein. DESWEGEN war der Ort der ENTITY beim Tempel. Denn die ENTITY war dann eine Priesterin, die für das Korrelieren von Glaubenssätzen in allen Teilen der Erde sorgte, für die Vereinheitlichung der Tätigkeiten von geistigen Gesetzen – nicht für das Materielle, sondern für die Harmonie und den Frieden der Leute."[68]

Dieses Reading erscheint mir z.T. etwas schwammig. Hier scheinen viele Begriffe, die zweifellos aus Edgar Cayces Bibelkenntnissen stammten, miteingeflossen zu sein. Was hier ebenfalls verwirrend erscheint, ist der scheinbare Zusammenhang zwischen Lemuria und "den unteren Teilen von Kalifornien", während Lemuria zuvor ganz klar im Indischen Ozean lokalisiert wurde. Sollte sich Lemuria tatsächlich bis nach Kalifornien erstreckt haben?

"Die ENTITY war während dieser Periode in dem, was das Poseidon-Land genannt wurde, als die Menschheit aus Muir, Ur, Lemuria und der anderen Länder kamen, für das Handhaben der verschiedenen Tätigkeiten, dem gemeinsamen Suchen nach den göttlichen Prophezeien vieler Tätigkeiten oder Prinzipien in menschlichen Bemühungen. Die ENTITY war unter jenen, die heute die Alchimisten der Gegenwart genannt werden."[69]

Atlantis – ein Aufnahmeort für Flüchtlinge aus Mu und anderen Ländern, die wir heute nicht mehr kennen?

"Die ENTITY war in dem, was heute das Atlantische Land genannt wird, in der Stadt des Poseidon, als dort die Feuer der Rebellion entstanden, die über diese Tätigkeiten durch hohe Autoritäten in Teilen des Landes gebracht wurden, die für dessen Zerstörung sorgten. Die ENTITY war dann unter jenen des Haushaltes des Aja und agierte als die Priesterin eines Tempels des Lichts, der gemacht ist für das Leiten der verursachenden Einflüsse in den materiel-

[68] Reading 1473-1.
[69] Reading 274-1.

len Angelegenheiten der Bewohner, die in der Gegenwart als die, welche die Kommunikationstätigkeiten zwischen verschiedenen Ländern überwachen, bezeichnet werden würden – so zwischen Om, Mu, dem hierarchischen Land in dem, was nun als die "Vereinigten Staaten" bekannt ist, in Teilen von Arizona und Nevada, die Teile der Brüderschaft dieser Leute aus Mu waren."[70]

Hier scheint Cayce wie in den vorgenannten Readings auf Termini aus seiner Zeit zurückzugreifen. So fällt wiederholt die Verwendung des Begriffes "Mu" auf, der – wie bereits beschrieben – auf eine Fehlübersetzung eines Maya-Manuskriptes zurückgeht. Cayce scheint diesen Begriff jedoch zu verwenden, um einen tatsächlichen einst existierenden Kontinent im Pazifischen Ozean zu beschreiben.

"Mit dem Aufkommen der Perioden, in denen es zu den letzten der Zerstörungen kam (als die ENTITY sich im Land des Poseidon und um den Tempel dort im geistigen Einfluß der materiellen Tätigkeiten für einige 600 Jahre aufhielt, wenn wir mit dem heutigen Zeitmaß zählen), wanderte die ENTITY mit jenen Leuten zum Yukatán Land oder zur Errichtung des Tempels dort aus, wobei die ENTITY half. Aber mit jenem Einfall der Kinder von Om und den Leuten aus dem Lemuria-Land oder Mu zog sich die ENTITY selbst zurück und nahm – wie es war – ihren eigenen Flug zum Lande des Jupiter."[71]

Auch dieser Text scheint nicht ganz leicht verständlich. Wo liegt das Land "Om", und wo liegt das "Land des Jupiter?" Auf welche Weise "flog" die ENTITY dorthin?

Auf die Frage, wie die Cayce-Readings im Allgemeinen zu lesen und zu bewerten sind, möchte ich an anderer Stelle zurückkommen. Wichtig ist es im Moment festzuhalten, daß auch Cayce von einem untergegangenem Kontinent im Indischen Ozean spricht, sowie von anderen Ländern, die zur gleichen Zeit wie Atlantis, wenn nicht gar schon vorher, existiert haben sollen.

Interessant ist es an dieser Stelle, einen Blick auf die Überlieferungen der Hopi-Indianer zu werfen.

Die Angehörigen dieses Indianerstammes berichten von einem einstigen riesigen Kontinent namens Kasskara, der im Pazifik lag und der die frühere Heimat der Hopis gewesen sein soll. Dort seien sie von Lehrmeistern, den Kachinas, unterrichtet worden, die auf fliegenden Schilden reisten. Von den heute lebenden Hopis und von J.F. Blumrich[72] werden diese "Kachinas" als Außerirdische gedeutet, die vom "Bund der 12 Planeten" kommen sollen. Parallel

[70] Reading 812-1.
[71] Reading 832-1.
[72] Siehe J. F. Blumrich: Kasskara und die sieben Welten.

dazu soll es eine kleinere Insel gegeben haben, deren Bewohner sehr kriegerisch waren und die etwa dort gelegen haben soll, wo Platos Atlantis gesehen hat. Vor bereits 80.000 Jahren sei dieses Land namens Talawaichiqua auf einen Schlag im Meer versunken, während Kasskara *langsam* unterging.

Es gibt eine ganze Reihe von Erzählungen, die uns von den Hopis überliefert worden sind. Die Hopis berichten von sieben Welten, von denen Kasskara die dritte darstellt. In der ersten Welt habe die Gottheit Taiowa, die "in der Höhe" wohnt, den Menschen erschaffen. Und die erste Welt soll durch Feuer zerstört worden sein, weil der Mensch böse geworden sei. Aber diejenigen, die später die Hopis werden sollten, hätten diese Zerstörung überlebt.

"*Die zweite Welt, Topka, wurde durch Eis zerstört. Im Zusammenhang mit Topka erinnern sich die Hopis an ein Phänomen, das mit einer Veränderung der Pole zu tun zu haben scheint: 'Man sagt bei uns auch daß die Erde einige Male umgekippt sei. Ich meine, daß der Nordpol dort war, wo jetzt der Südpol ist, und umgekehrt. Die Erde ist dabei jedesmal vollständig von Norden nach Süden gekippt und nicht etwa nur zur Hälfte, denn dabei wäre zuviel Schaden entstanden, und das war nicht die Absicht des Schöpfers. In Topka, der zweiten Welt, kippte die Erde zur Hälfte, und alles ist erfroren.*'"[73]

Als sie (die Vorfahren der Hopis, d. Autor) sicher unter der Erde waren, befahl Sethuknang (der Schöpfergott) den beiden Zwillingen..., ihre Posten an dem Nord- und Südende der Weltachse zu verlassen, wo sie aufgestellt worden waren, um die Erde im richtigen Umlauf zu halten. Die Zwillinge hatten kaum ihre Posten verlassen, als die Welt, die niemand mehr überwachte, aus dem Gleichgewicht kam, wie trunken umhertaumelte und sich zweimal überschlug. Berge stürzten mit grellem Klatschen in die Meere, Meere und Seen überfluteten das Land, und als die Welt durch den kalten, leblosen Raum wirbelte, gefror sie zu festem Eis.[74]

Strandlinien auf den Anden in einer Höhe von ca. 3.800 km, die sich über etliche 100 km verfolgen lassen, werden von Andersen dahingehend gedeutet, daß Südamerika, "Topka", während der letzten Eiszeit unter Wasser lag, also entweder überflutet wurde oder abgesunken war.

Das Volk der Hopis überlebte jedenfalls wieder und kam in die Dritte Welt – Kasskara. Während der Zeit, als Kasskara über Wasser lag, lag Amerika gemäß der Hopi-Überlieferung *unter* Wasser, und während Amerika allmählich auftauchte, ging Kasskara *langsam* unter. Die Bewohner von Kasskara sollen wie jene von Atlantis (Talawaichiqua) sehr hohe Kenntnisse technischer und

---

73 Zitiert aus "Polsprung und Sintflut" v. Hans J. Andersen, S. 76.

74 Wie Fußnote 73.

wissenschaftlicher Art gehabt haben, wobei die Kasskara-Bewohner sie nur zu guten, die Talawaichiquaner aber auch zu kriegerischen Zwecken verwendet haben sollen. Sie – die Hopis – waren Pazifisten, und sie hatten einen "Schutzschild", ohne daß dessen Funktionsweise näher beschrieben wird. Da die Talawaichiquaner "schuldiger" waren als die Kasskaraner, ging die Zerstörung dieser Insel *plötzlich* vonstatten, die von Kasskara jedoch *langsam.*

Schon seit der ersten Welt hätten die "Kachinas" mit den Hopis in Verbindung gestanden, das waren "hohe, geachtete Wissende". Sie konnten unsichtbar sein, und sie kämen aus dem Weltraum und ihre Schiffe seien mit Magnetkraft geflogen, wenn sie die Erde umrundet hätten. Über den Kachinas hätten noch die Gottheiten gestanden, und über allen stände der Schöpfer. Es gäbe drei Arten von Kachinas. Die einen hätten mit dem Fortbestand des Lebens zu tun. Die zweiten seien Lehrer, und die dritten Hüter des Gesetzes. Es wird betont, daß die Kachinas körperliche Wesen waren, die Fluggeräte, sog. 'Fliegende Schilde' brauchten, um sich in der Luft fortzubewegen. Diese werden als scheibenförmig beschrieben. Auch einige Hopis sollen in solchen Fliegenden Schilden mitgeflogen sein.

Während des Unterganges von Kasskara sind die Bewohner nacheinander in das auftauchende Amerika ausgewandert, das ursprünglich die zweite Welt, Topka war, und die als Toowakachi, die vierte Welt, nun wieder auftauchte.[75]

Was bei dieser Geschichte wieder einmal auffällt, ist die Zerstörung der Menschheit aufgrund ihrer Bosheit, die wir in vielen anderen Überlieferungen und auch bei Edgar Cayce haben: Dort ist vom ständigen Kampf der "Söhne des Gesetzen des Einen" oder der "Söhne Gottes" gegen die "Söhne des Belial" die Rede, jenen zerstörerischen Kräften, die Atlantis schließlich die Vernichtung brachten. Was hier ebenfalls sehr interessant ist, ist die Behauptung, daß die Menschheit schon in sehr früher Zeit einen hohen Grad an Wissen gehabt haben soll.

Nun scheint mir kaum wahrscheinlich, daß es einen Kontinent von der Größe, wie die Hopis ihn beschreiben, gegeben haben könnte, der tatsächlich beinahe die ganze Breite des pazifischen Meeres ausfüllte. Solch ein riesiger Kontinent könnte kaum spurlos verschwunden sein.

Könnte es aber vielleicht sein, daß die Hopis mit der Zeit einiges durcheinandergebracht haben? Einmal war sicherlich Südamerika einst tiefer gelegen. Aber ganz Amerika vollständig durch Eis zerstört und dann untergegangen? Das klingt kaum glaubwürdig. In meinem Buch "Das Erbe von Atlantis" habe

---

75 Ausführliche Schilderung in Blumrichs "Kasskara und die sieben Welten".

ich ausführlich dargelegt, daß tatsächlich nur Teile von Amerika unter Wasser gelegen haben.[76]

Ich weise dort auch daraufhin, daß es in der Gegend um Tiahuanaco durch die Anhebung des Kontinents infolge der Atlantik-Katastrophe eine kurze Eiszeit gegeben hat; vielleicht haben die Hopis, die später dort gelebt haben, diese im Nachhinein mit ihrer "Zweiten Welt" in Verbindung gebracht. Möglicherweise haben sich jedoch alle drei Zerstörungen auf ein und dieselbe Welt bezogen, die zur gleichen Zeit wie Atlantis existiert hat. War die Urheimat der Hopis möglicherweise eine größere Landmasse auf dem Osterinsel-Plateau? Waren es die Vorfahren der Hopis, die diese ominösen Bauten dort aufgestellt haben? Walter Jörg Langbein berichtet in "Bevor die Sintflut kam" von blutigen Kämpfen zwischen verschiedenen Volksgruppen auf der Inselgruppe. Sind hier Angehörige des atlantischen Imperiums und die Vorfahren der Hopis in nicht gerade friedlicher Weise aufeinandergetroffen? Basiert hierauf die Geschichte des Streites zwischen den Kasskaranern und den Talawaichiquanern? Beherrschten die Atlanter die Gegend rechts und links von der Atlantis-Insel, während die Vorfahren der Hopis im Süden zu Hause waren und jene Gegend beherrschten? Die Berichte von den blutigen Kriegen und die Tatsache, daß die Schrift der Osterinseln ihrem alten Pendant aus dem Indus-Tal dermaßen verblüffend ähnelt, läßt auf die Tatsache schließen, daß aus dem Atlantischen Herrschaftsbereich heraus versucht wurde, in den südlichen vorzudringen – in die südliche Kultur, die die Vorlage zum Kasskara-Mythos der Hopis und die Grundlage für die Legende von "Mu" und "Lemuria" wurde.

Ich hatte bereits angedeutet, daß Otto H. Muck das Erhalten der erstickten oder ersäuften Mammutkadaver in Eisblöcken durch eine schnell vorrückende Klimaveränderung, die aus einer Verlagerung der Erdachse resultiert, erklärt. Muck hatte errechnet, daß der frühere Nordpol etwa 3.500 km vom heutigen entfernt lag, und dieser frühere Nordpol würde lt. Muck irgendwo zwischen den Inseln Nordkanadas und Grönland gelegen haben. Er habe vermutlich ortsgleich mit dem heutigen magnetischen Pol gelegen. Die dann eingetretene Polverschiebung würde dann in ihrem Winkelwert ziemlich genau der ekliptischen Schiefe der Erde entsprechen, also ca. 23 Grad. Bedingt durch den Einschlag des Planetoiden begann der Erdkreisel sofort zu taumeln, und das muß schnell erfolgt sein, denn sonst hätten die Mammutkadaver in Nordost-Sibirien nicht konserviert werden können.

[76] Horn 1997.

Nun hat sich die Erdachse noch schiefer gestellt, als dies vorher bereits der Fall gewesen war. Und mit der Erdachse hat sich auch der Drehpol verändert.

Die Drehachse hat sich nun aber nicht allein verschoben. Genau genommen hat die gesamte Erdkruste, die auf einer Art "Gleitlager" aus leichtflüssigem Magma aufliegt, das sich um die Erdkugel zieht, eine Schwankung um ca. 20 Grad durchgeführt. Ursache hierfür war wieder der schräge Stoß des Planetoiden, der sie zu dieser Ausgleichsbewegung zwang. Dann aber hat eine andere Kraft gegriffen, nämlich die Reibungsdämpfung im Magmalager, die den Vorgang schnell wieder abgebremst hat.[77]

Diese Änderung der Achsenlage muß aber auch Folgen am Südpol gehabt haben. Schließlich müßte auch dieser antipodisch zum Nordpol "verrutscht" sein. D.h., der frühere Südpol müßte am Rande der Ostantarktis gelegen haben, irgendwo zwischen dem Wilkesland um der nördlichen Packeisgrenze, und hieraus ist zu schließen, daß vor der Polverlagerung in der Westantarktis das Klima gemäßigter gewesen sein müßte, ähnlich wie das damals in Nordost-Sibirien der Fall war.

Interessant ist hierzu aber eine Aussage der Autoren R. & R. Flem-Ath:

"Die Westantarktis, der nach Südamerika weisende 'Schwanz' des Kontinents, ist von Gebirgen, einer dünnen Eisschicht und starkem Schneefall geprägt. Die Ostantarktis dagegen, der Hauptteil des Kontinents, beherbergt den größten Teil aller Eismassen der Erde und ist eine gefrorene Wüste. Hier ist die Eisschicht über drei Kilometer dick, obwohl es dort kaum schneit. Dieser Widerspruch zwischen der heutigen jährlichen Schneefallmenge in der Ost- und West-Antarktika und der Dicke der Eischicht ist ein deutliches Zeichen, daß dieser Kontinent früher ein völlig anderes Klima gehabt haben muß."[78]

Auch wenn die Flem-Aths eine völlig andere Theorie vertreten – sie sind der Meinung, die Westantarktis sei das ehemalige Atlantis gewesen, das aufgrund einer Erdkrustenverschiebung geologischer Ursache (eine bis heute nicht bewiesene und entsprechend umstrittene Theorie, die auf Charles H. Hapgood zurückgeht, nach der diese "Erdkrustenverschiebung" in regelmäßigen Abständen in Erscheinung treten soll) in den Polarkreis geschoben wurde, wo sie überschwemmt und von Eis und Schneemassen überzogen, ihr Ende als kulturelles Zentrum fand – wird hier meines Erachtens eher Muck bestätigt, obwohl jener kein Wort über die Antarktis verliert. Nicht eine ominöse Erdkrustenverschiebung relativ zum Erdmantel, über deren Genese man nicht einmal eine konkrete Vorstellung hat, hat die West-Antarktis in den Polarkreis ge-

---

77 Siehe Otto H. Muck: Alles über Atlantis.

78 Zitiert aus: "Atlantis – Der versunkene Kontinent unter dem Eis" von R & R Flem Ath.

drängt, sondern aufgrund der von Muck beschriebenen Erdachsenverlagerung befindet sich der (Oberflächen-)Südpol nun ziemlich inmitten der Antarktis.

Aufgrund des einstigen milderen Klimas ist es nicht unvorstellbar, daß sich am westlichen Rande des Kontinents tatsächlich eine ausgeprägte Flora und Fauna des Lebens erfreute, und ebenfalls ist nicht auszuschließen, daß Teile der Westantarktis von Menschen besiedelt waren, zumindest was den nach Südamerika weisenden ‘Schwanz’ angeht.

Die beschriebene These wirft auch ein ganz neues Licht auf die Zerstörung von Tiahuanaco. Muck hatte ja eine Kippbewegung nach der Katastrophe festgestellt, nach der sich der zum Katastrophenherd hin liegende Kontinentalschelf von Amerika absenkte, während sich der gegenüberliegende anhob. Dies kam durch die enormen Magmaeruptionen aus dem Boden zustande. Dabei hat Muck eine Schräge der aktuellen Strandlinie des Titicacasees relativ zu der früheren in Richtung Südosten festgestellt, wie es gemäß seiner Theorie auch zu erwarten war. Hingegen hat Arturo Posnansky festgestellt, daß das damalige Titicacameer nach Süden gekippt ist und daß der Großteil seiner Gewässer in diese Richtung hin abgeflossen ist, wo sich das ganze Salz der Erde gesammelt zu haben scheint.[79]

Dieses Rätsel lösen helfen könnte der Autor Fritz Nestke:

“Der Inselkontinent Atlantis wurde mit dem Erdball durch die Rotationsveränderung … zum südpolaren antarktischen Kontinent. Die gewaltige Eislast der zu Schichten gefrorenen Flutwellen drückte Antarktika zum großen Teil unter den sich einpendelnden Meeresspiegel und bewirkte eine gigantische Hebelbewegung in der betroffenen Plattentektonik. Die frühere Inselkette, auf die man vom einstigen Atlantis gelangen konnte, wurde mit einer enormen Kraft gehoben: Die Anden.[80]

Ich glaube jedoch nicht, daß die Antarktis Atlantis war, genauso wenig wie ich die Anden mit den gegenüberliegenden Inseln identifizieren möchte.

Aber: Durch das “Verrutschen” des Südpols mitten in die Antarktis, wie es die logische Weiterentwicklung von Mucks Theorie fordert, ist anzunehmen, daß sich das Klima der Westantarktis damals, analog zu Nordost-Sibirien, *drastisch* und *plötzlich* verschlechtert hat. Das heißt, zu den Flutwellen, die seit dem Beginn der Katastrophe ohnehin schon unentwegt auftraten und die nun zu Eis wurden, kamen nun Schneefälle und letztlich Eisablagerungen hinzu, und ich kann mir vorstellen, daß der Kontinent nun tatsächlich z.T. unter

---

[79] Schulz 1993.

[80] Fritz Nestke in dem Artikel “Das Olmeken-Rätsel” in der Fachzeitschrift “Wissenschaft ohne Grenzen”, Ausg. 2/96.

Wasser gedrückt wurde. Und nun kommt die "Nestkesche gigantische Hebelwirkung" zum Tragen, die Südamerika anhebt. Wir haben also zwei plötzlich auf den Kontinent einwirkende Kräfte, einmal die "Mucksche Kippbewegung" vom Nordosten her, die den nordöstlichen Kontinentalrand Südamerikas absenkte und den westlichen anhob, während die vom Süden ausgehende Hebelwirkung den gesamten Kontinent nach oben zu schieben versuchte.

Das hieße also: Im östlichen Teil von Südamerika walteten Kräfte, die einander entgegenwirken, und im Westen wirkten solche, die sich gegenseitig verstärken. Eine solche Kräfteverteilung kann durchaus dazu geführt haben, daß die Platte brach und die Wasser des Titicacameeres nach Süden abflossen, wobei Tiahuanaco vollständig überschwemmt und vernichtet wurde. Nestkes "gigantische Hebelwirkung" hat also letztlich die von Muck festgestellte Kippbewegung verstärkt oder zumindest beschleunigt; zumindest was den Teil westlich der Kippachse betrifft, so daß *beide Kräfte* letztendlich die Anden und mit dem Gebirge die ehemalige Hafenstadt Tiahuanaco 4.000 m in die Höhe geschleudert haben, und das mit einer Geschwindigkeit, die enorm gewesen sein muß!

Das folgende könnte der wahre Kern der Hopi-Geschichte gewesen sein:

Die Urheimat der Hopis wurde vielleicht im Zuge der Atlantis-Katastrophe zunächst durch Feuer (vulkanische Tätigkeiten) und dann durch eine Verschiebung des Südpols, der nun an seine jetzige Position gedrückt wurde, heimgesucht, wobei der Kontinent letztendlich durch die schweren Eismassen abgesenkt wurde. Wir hätten dann alle drei Welten der Hopis in einer vereint. Die Hopis wanderten dann nach Südamerika ein, das durch eine gigantische Hebelwirkung emporgedrückt wurde; und die geologischen und klimatischen Veränderungen in Südamerika führten später dazu, daß man nun von *verschiedenen* zerstörten Welten sprach, so daß die Legende sich mehr und mehr veränderte und zu dem wurde, was wir heute vorliegen haben.

Wenn dieser Gedankengang richtig ist, dann war die Heimatwelt der Hopis die Antarktis.

Möglicherweise bildeten das Osterinsel-Plateau, das vor der Sintflut insgesamt über dem Wasser gelegen haben mag, die damals eisfreie West-Antarktis und die Südspitze Amerikas jenen südlichen Kontinent, der ständig im Streit mit dem atlantischen Herrschaftsbereich lag.

Oben: Die großen Pyramiden von Gizeh.
Cheops, 4. Dynastie: Große und erste Pyramide von Gizeh mit dem urspünglichen Namen: *Pyramide der Horizonte* oder *wo die Sonne auf- und untergeht.* Die Grundfläche umfaßt 230 m im Quadrat und hatte eine ursprüngliche Höhe von 146 m. Sie hat 1 Neben- und 3 Königinnenpyramiden.
Chepren, 4. Dynastie: Die zweite Pyramide von Gizeh mit dem ursprünglichen Namen: *Die Große Pyramide.* Die Grundfläche umfaßt 214,5 m in Quadrat und hatte eine Höhe von 143,5 m. Sie hat eine Nebenpyramide.
Mykerinos, 4. Dynastie: Die dritte Pyramide von Gizeh mit dem ursprünglichen Namen: *Die göttliche Pyramide.* Die Grundfläche umfaßt 105 m im Quadrat und hat eine ursprüngliche Höhe von 65,5 m. Ihr sind 3 Königinnenpyramiden angeschlossen.

Die Pyramide von Tiahuanaca in Peru (Quelle: Archiv Lars Fischinger).

Kapitel 4: Die Gründung von Atlantis

Wer war Poseidon? ∴ Kamen die Könige aus dem Weltraum?

"Gemäß dem oben Gesagten über das Los der Götter, daß sie nämlich die ganze Erde dort in große Lose (Abschnitte) unterteilten, innerhalb derer sie auch seltene, heilige Opfer für sich selbst bereiteten, hat nun Poseidon auf eben solche Weise die Insel Atlantis für seine eigenen Nachkommen genommen, die von dem sterblichen Weibe, an einem dazu geeigneten Ort auf der Insel geboren wurden."[81]

Hier stecken wir in einem Dilemma. In meinem Buch "Das Erbe von Atlantis" habe ich klar und deutlich darauf hingewiesen, daß die Götter unserer Religionen und Mythen in Wirklichkeit von Atlantis gekommen seien. Aber wer waren die Götter, die Atlantis begründeten? War es eine Fiktion, die Plato einbaute, weil seine Zuhörer und Leser sie erwarteten, oder haben wir es hier mit einer noch früheren Kolonialmacht zu tun, die Atlantis kolonialisierte – möglicherweise aus dem sagenhaften Lemuria? Oder handelte es sich bei den Gründern von Atlantis um Außerirdische? Bevor wir die einzelnen Thesen durchgehen, kehren wir zu Plato zurück.

"Der Gott nun selbst ordnete die Insel in der Mitte (= den Inselkern) bequem an; zwei Wässer legte er über der Erde oben fest im Verbund an: das eine warm, das andere aus dem Brunnenkran kühl fließend, zu mancher Speise, und was er aus der Erde dafür an Geeignetem hervorbrachte." [82]

Also nicht die Atlanter, sondern der Gott Poseidon legte die geographische Ordnung auf der Insel fest. Ging man einfach davon aus, daß dies ein reeller Gott gewesen sein müsse, oder steckt mehr dahinter?

"Von Kindern erzog Poseidon fünf Generationen, und die ganze Insel Atlantis teilte er in zehn Teile ein; dem Erstgeborenen der Ältesten teilte er die mütterliche Wohnung, den Ring, der der größte und schönste war, zu; er stellte ihn als König über die anderen; was die anderen Herrscher betrifft, so gab er (Poseidon) jedem Herrschaft über viele Menschen und über einen Abschnitt eines großen Landgebietes.

Namen gab er allen: dem ältesten und König demjenigen, nachdem nun auch die ganze Insel mitsamt dem Ozean ihren Beinamen Atlantisch hat, weil diesen Namen Atlas, der damals zuerst regierende König, hatte; dem mit ihm als

[81] Kritias 113b, n. Barbara Pischel 1993.
[82] Kritias 113e, n. B. Pischel.

Zwilling geborenen erlöste er (Poseidon) den Anteil der Inselspitze an der Stelle des in Richtung auf die Stelen des Herakles nach ihm benannten Gadeirischen Landes; auf griechisch: Eumolos, landesüblich Gadeiros, was zum Beinamen jenes Landes geworden ist. Das zweite Zwillingspaar nannte er Amphere und Euaimon; das dritte Mneseus und Autochthon; das vierte Elasippos und Mestor; das fünfte Azaes und Diapretes.

Diese alle selbst und ihre Nachkommen wohnten für viele Generationen als Herrscher vieler anderer Inseln über das offene Meer hin, ja sie herrschten, wie schon früher berichtet wurde, bis nach Ägypten und Tyrrhenien, über die Bewohner innerhalb dieser Gebiete."[83]

Waren die Atlanter Nachkommen eines ominösen Gottes unbekannter Herkunft?

Viele Heiligtümer wurden diesem Gott gewidmet: Das nicht zu betretende Heiligtum von Kleito und Poseidon[84], der eigentliche Poseidontempel[85] mit dem sechsspännigen Wagen und der Poseidonstatue[86], die Königsbilder und Votivgaben[87], der Hain des Poseidon[88] sowie der Heiligen Bezirk Poseidons[89] mit dem Gesetzespfeiler (Stele), wo Kult und Feuer nebst Eiderneuerung stattfanden; sie alle werden als dem Poseidon heilige Stätten bezeichnet.

"Die königliche Ausstattung innerhalb der Akropolis war folgende: Dort in der Mitte stand das geweihte Heiligtum der Kleito und des Poseidon, unzugänglich, von einer goldenen Umfassung eingefriedet, in welcher von Anfang an das Geschlecht der zehn Königsfamilien aufwuchs und erzeugt wurde; dorthin trugen sie auch nacheinander aus allen zehn Losen (Anteilen, Gebieten) jedem Früchte der Jahreszeit als deren Heiligtümer (Opfer).[90]

"In eben dieser Wohnung des Gottes und seiner Nachkommen richteten sie von Anfang an die Residenz (basilea) ein, jeder übernahm sie vom Vorgänger (von jedem) ausgeschmückt mit Verschönerungen und überbot mit Gewalt immer den letzten, bis sie einen solchen Bau zusammengebracht hatten, so daß man die Größe und Schönheit der Werke staunend betrachtet."[91]

"Den ganzen Tempel aber umkleideten sie von außen mit Silber außer die äußersten Giebel, die Giebelspitzen des Daches nämlich mit Gold; das Innere

---

83 Kritias 114a,b,c; n. B. Pischel.
84 Kritias 116c; n. B. Pischel.
85 Kritias 116 d; n. B.P.
86 Kritias 116 e; n.B.P.
87 Wie Fußnote 86.
88 Kritias 117b-c; n.B.P.
89 Kritias 119c, n.B.P.
90 Kritias 116c, n. B.P
91 Kritias 115d, n. B.P.

aber, die elfenbeinerne Bedachung sichtbar ganz mit Gold und Silber und Kupfer ausgeschmückt; das ganze Übrige der Dächer aber und Säulengänge und die Fußböden vernieteten sie mit Kupfer. Sie stellten Goldne Götterbilder auf, den Gott nämlich auf einen Wagen stehend, sechs geflügelte Pferde lenkend, ihn selbst in seiner Größe den Scheitel des Dachgiebels berührend; Nereiden aber auf Delphinen an die hundert im Kreis, denn soviele, glaubte man, gäbe es damals von ihnen. Viele andere Götterbilder (agalmata) aber waren im Inneren als Weihegeschenke der Bürger innen angebracht."[92]

"Im Hain des Poseidon wuchsen an Bäumen das Schönste, was die Erde hatte, und dank ihrer Höhe lagen die Brücken im Schatten. Gymnasien, Sportplätze, Hypodrome und Gestüte konnte man über sie erreichen."[93]

Die naheliegendste Erklärung wäre natürlich die, daß Plato tatsächlich die Geschichte mit Poseidon und seinen Nachkommen an den Anfang seiner Geschichte gestellt hat, um zu zeigen, wie wichtig diese Insel war – eine Insel, die von Göttern gegründet wurde. Andererseits führt der Philosoph diese Gründungsgeschichte recht weit aus; er nennt Zahlen, und er beschreibt bis ins kleinste Detail die Verehrung, die diesem Poseidon entgegengebracht worden ist. Hat Plato also die Poseidon-Geschichte erfunden, oder hat er vielleicht doch Erinnerungen, die aus der ägyptischen Überlieferung stammen, verwendet, um letztlich die Namen griechischer Götter anstelle der in der Überlieferung genannten einzusetzen? Mir scheint es am naheliegendsten zu sein, daß Plato die Göttergeschichte eingeflochten hat, da seine Zuhörerschaft erwarten mußte, daß eine solch mächtige Insel von den Göttern, die sie selbst verehrten, gegründet worden sein mußte.

Aufgrund der massiven Übertreibungen, die Plato aber in dieser Sache an den Tag legt, sollten wir jedoch auch anderen Möglichkeiten nachgehen.

Sollte Atlantis von einer früheren Hochkultur besiedelt worden sein? Waren es Überlebende von Mu, Lemuria oder Kasskara, die Atlantis erst zu dem machten, was es später wurde? Diese These ist leider erstens ausgesprochen vage, da es gerade in den entsprechenden Überlieferungen von Unklarheiten geradezu wimmelt, und zudem sollen nach den meisten Überlieferungen Atlantis und sein südpazifisches Pendant zeitweise zur gleichen Zeit existiert haben, wobei beide schon auf einer hohen Kulturstufe standen. Dann ist uns der Zeitraum nicht geläufig, in dem Atlantis zu existieren begann. Die einzigen Angaben, die uns zu diesem Thema vorliegen, sind die des Edgar Cayce,

---

92 Kritias 116b, n. B.P.
93 Kritias 117b/c.

und der spricht davon, daß Atlantis bereits 100.000 Jahre v. Chr. existiert haben soll.

Das aber ist genau die Zeit, in der es auf dem Mars zu einer zyklischen Klimaveränderung gekommen sein soll.

Der Mars entstand in einer kälteren Umgebung als die Erde. Der Planet sollte nach Ansicht von Planetenforschern einst mehr Wasser enthalten haben als heute, ja die Kanäle, die sich über die Marsoberfläche ziehen, sind allem Anschein nach durch fließendes Wasser entstanden. Wieviel Wasser allerdings einst auf dem Mars existiert hat, ist schwer zu sagen. Heute sind Spuren von Wasser auf verschiedene Art "versteckt" auf dem Mars zu finden. Ein geringer Wasserdampfanteil befindet sich in der Atmosphäre, winzige Mengen schlagen sich als Reif auf der Marsoberfläche nieder. Weiter finden wir Wasser als Eis gelagert in den Polkappen. Auch im Untergrundeis könnte Wasser gespeichert sein. Weiter entweichen durch die dünne Mars-Atmosphäre leichte Gase wie Wasserstoff und Kohlendioxid, die Grundbausteine des Wassers, leicht nach draußen.

Nach verschiedenen Studien soll der Mars einst mehr Wasser besessen haben als die Erde! Eine Studie beruft sich auf durch die Vulkane abgedampftes Wasser. Auch Meteorite und Kometen könnten Wasser freigesetzt haben, und andere Schätzungen gehen von Wassermengen in den Polbereichen und im Untergrundeis aus – unter Berücksichtigung der Verluste an den Weltraum. Nach beiden Schätzungen kommen beachtliche Mengen an Wasser zustande. Daß Wasser in Felsbrocken gebunden ist, kann ebenso nicht ausgeschlossen werden.

Auf indirektem Wege konnte mittlerweile jede Menge Eis oder flüssiges Wasser unter der Oberfläche nachgewiesen werden. Die Morphologie der Ejekte von Einschlagskratern weist auf das Aussehen des Mars unter der Oberfläche hin. Auf dem Mars gibt es Krater mit einfachen Fließformen des Auswurfmaterials. Nur in Äquatornähe und nur bei großen Kratern haben sich die Ejekte deutlich "flüssiger" ausgebreitet: Dies könnte die Annahme bestätigen, daß es in 1,5-3 Kilometern Tiefe unter dem Äquator heute flüssiges Wasser gibt. Bis in diese Tiefe sind die größten Meteoriten nämlich vorgedrungen.

Wasser kann allerdings nur dann auf dem Mars existiert haben, wenn die Atmosphäre einst dichter und/oder wärmer gewesen ist. Man geht davon aus, daß die Ausflußkanäle auf dem Mars in einer Phase der Erwärmung entstanden sind. Nur: Sie sind unterschiedlich alt. Gab es also zyklische Klimaänderungen? Auch schichtförmige Ablagerungen im Bereich zwischen den

Polen und 80° Breite weisen durch ihre Regelmäßigkeit auf stetig aufeinanderfolgende Klimaschwankungen hin.

Langfristig gesehen schwankt die Marsbahn durch die Marsrotation. Der Umlauf des roten Planeten um die Sonne wird durch andere Planeten, z.B. Jupiter, gestört. Die Rotation schwankt durch die ungleiche Verteilung der Marskruste. Bedingt durch äußere Einflüsse wurde die Umlaufbahn des Mars zunehmend elliptischer. Die Exzentrizität schwankt über einen Zeitraum von 100.000 Jahren. Bei Zunahme der Exzentrizität wird die Sonneneinstrahlung auf der Sommerseite zunehmen. Die Schiefe der Marsachse unterliegt ebenfalls starken Schwankungen. Und diese Schiefe kann früher noch ausgeprägter gewesen sein. Durch eine stärkere Neigung der Achse würde der Sommerpol stärker erwärmt, und am Winterpol könnte weniger Kohlendioxid ausfrieren. So würde der Luftdruck gleichbleibend höher bleiben. Schon langsamere Windbewegungen würden Staub aufwirbeln. Mehr Staub würde in den Polgebieten abgelagert werden. Bei geringerer Neigung der Achse würde die Temperatur über dem Winterpol stark absinken. Mehr Eis und weniger Staub würde abgelagert. Dies wäre eine Erklärung für die schichtförmigen Ablagerungen in den hohen Breiten des Mars.

Dann ist noch die Präzession zu erwähnen. Ein Präzessionszyklus dauert beim Mars etwa 175.000 Jahre. Während eines solchen Zyklus, in dem die Achse kreiselförmige Bewegungen durchführt, kann der Pol wechseln, an dem die Ablagerungen stattfinden.

Eine Kombination der genannten Effekte könnte eine Klimaänderung bzw. zyklisch ablaufende Klimaänderungen durchaus herbeigeführt haben.[94]

Wenn wir uns die Mission Pathfinder vor Augen halten, die am 4. Juni 1997 auf dem Mars begann, gab es für die Forscher eine kleine Überraschung: Der Sojourner, das kleine Marsmobil, das ferngesteuert in der Nähe des Marstales Ares Vallis herumrollte, stellte fest, daß die rötliche Farbe des Marsgesteins nichts anderes als Rost ist – oxidiertes Eisen. Der gesamte Mars verrostet? Unter Wasser gestanden? Gab es auch eine Sintflut auf dem Mars? Und konnten sich überlebende Bewohner, die der Raumfahrt kundig waren, zur noch unbewohnten Erde retten, um dort Atlantis zu gründen? Eine dreiste Spekulation – zugegeben. Es bleibt aber die auch von den meisten Astronomen vertretene Ansicht, daß der Mars vor 100.000 Jahren deutlich wärmer war und eine dichtere Atmosphäre hatte – und somit lebensfreundliche Bedingungen aufwies.

Es gibt aber auch Spuren, die in Richtung Sirius weisen.

---

[94] Horn 1999: Planeten und Planetenmonde in Frage und Antwort.

Im Herzen Malis lebt ein kleines Bauernvolk, dessen ethnische Herkunft unbekannt ist. Und auch dieses Volk besitzt seit Jahrhunderten (!) astronomisches Wissen. Aus uralten Überlieferungen wissen die Priester dieses Volkes von dem mit bloßem Auge unsichtbaren Sirius B, dem Begleiter des in den Wintermonaten so hell am Firmament stehenden Sirius (A). Ebenso kannten sie den Saturnring und die vier großen Jupitermonde sowie die Oberflächenmaterie des Erdmondes.

Nach einer Legende dieses Volkes befand sich einst ein Oberhaupt dieses Volkes ein halbes Jahr lang auf dem Stern *"po"*. Bei diesem Volk handelt es sich um den Stamm der Dogon.

Die Herkunft dieses Stammes ist ungewiß, und ebenso ist die Zugehörigkeit der eigenen Sprache nicht geklärt. Möglicherweise sind die Geranten – ein Volk, das in prähistorischen Zeiten in Libyen lebte – über Algerien in das Land am Niger vorgedrungen und haben sich dort mit den Einheimischen vermischt.

Das religiöse Oberhaupt der Dogon ist der Hogon. Er bewahrt die mythologischen Überlieferungen, die z.T. nur Eingeweihten zugänglich gemacht werden dürfen. Allerdings gelang es den französischen Ethnologen Marcel Griaule und Germaine Dieterlen in langwieriger Arbeit, das Vertrauen der Dogon zu erlangen und so an das Geheimwissen zu kommen.

Die Dogon feiern alle dreiundsechzig Jahre ein Ritual, deren Bedeutung die Erneuerung der Welt ist. Und das kommt folgendermaßen zustande: Nach der Schöpfungslegende der Dogon mußte früher die Welt alle sieben Jahre erneuert werden. Und das geschah so, daß man alle sieben Jahre den Stammeshäuptling opferte. Dessen toter Körper wie auch seine Seele wanderten dann zum Stern *po*. Dieser Name leitet sich von einem Getreidekorn ab, das ursprünglich als "Hungerreis" bekannt ist und das botanisch *Digitaria exilis* heißt. Und dieser Stern ist für die Dogon der wichtigste am Himmel. Po ist der Stern, der allen Menschen gehört und von dem die Welterneuerung ausgeht. Die Tradition, daß alle sieben Jahre ein Häuptling geopfert werden muß, hatte nicht lange Bestand. Der achte Häuptling stellte sich nach der Opferung nur tot, versteckte sich ein halbes Jahr lang, tauchte danach wieder auf und erzählte, er wäre auf dem Stern "po" gewesen und jetzt gäbe es eine neue Legislaturperiode. Von nun an werde jeder Hogon 60 Jahre lang regieren.

So sagt die Legende.

Die Dogon sagen über den Stern *po:*

"Tatsächlich wiegt der Stern po soviel wie 480 Esellasten (etwa 35.000 kg), soviel wie alles Korn und alles Eisen der Erde, obwohl er nur so groß ist wie eine auseinandergezogene Ochsenhaut oder ein Mörser.

Die Digitalis-Umlaufbahn liegt in der Mitte der Welt. Digitaria ist die Achse der ganzen Welt, ohne seine Bewegungen kann sich kein Stern halten Das heißt, er bestimmt die Position der Himmelskörper, insbesondere die des Sirius, der regellosesten Sterns. Ihn sondert er von allen Sternen ab, indem er ihn ständig umkreist."

Sirius B wurde 1862 von unseren Astronomen erstmals als Lichtpunkt per Teleskop gesehen. Sein Durchmesser entspricht lediglich drei Erddurchmessern, jedoch ist seine Masse kaum geringer als die unserer Sonne. Seine Leuchtkraft liegt um zehn Größenklassen unter der des Sirius. Wie wir heute wissen, ist Sirius B ein sogenannter "Weißer Zwerg". Seine Atome haben keine Elektronenhüllen mehr. Daher liegen die Atomkerne dicht beieinander. Die Elektronen selbst bilden lediglich ein "entartetes" Elektronengas.

"Digitaria ist das kleinste Ding, das es gibt. Es ist der schwerste Stern. Er besteht aus einem Sagala genannten Metall, etwas glänzender als Eisen und so schwer, daß alle Erdenwesen es zusammen nicht heben könnten."

Die Dogon wußten auch, daß es sich bei Sirius A und Sirius B um ein Doppelsternsystem handelt, also, daß sie um einen gemeinsamen Schwerpunkt kreisen. *Und* sie kennen die Umlaufdauer von 50 Jahren. Dies geht aus sakralen Zeichnungen hervor.

Auch bei den alten Ägyptern spielt das Sirius-System eine große Rolle. Sie kannten die "Sothis-Periode" von 1.460 Jahren zu 365¼ Tagen (Sothis ist der ägyptische Name für Sirius), während der sich der Anfang des 365-Tage-Jahres einmal durch alle Jahreszeiten bewegt.[95]

Robert Temple führt in seinem Buch "Das Sirius-Rätsel"[96] eine Reihe von Indizien dafür an, daß nicht nur die Ägypter, sondern auch die alten Sumerer Sirius B gekannt haben. Auch dort spielt die Beschaffenheit des dunklen Sternes wie auch die Zahl *"50"* eine große Rolle.

Die Dogon beschreiben den Erdmond als "trocken und tot wie trockenes und totes Blut." Sie zeichneten den Saturn korrekt mit einem Ring. Und sie wußten schon frühzeitig, daß sich die Planeten um die Sonne bewegten. "Jupiter folgt Venus, indem er langsam um die Sonne kreist."

---

[95] Siehe Paturi 1993.

[96] Temple 1977.

"Als (der Fuchs) verstümmelt wurde, floß noch Blut. Das Blut seiner Genitalien tropfte zu Boden, doch Amma (der Schöpfergott) ließ es als vier Satelliten zum Himmel steigen, die dann tolo (Jupiter) umkreisten ...die vier kleineren Sterne sind Jupiter-Keile."

Weitere Zeichnungen der Dogon zeigen Nommos, das sind fischschwänzige Wesen, die aus dem Sirius-System gekommen sein sollen und die als "Unterweiser" ihr Wissen vermitteln. Auch die Babylonier kennen eine Entsprechung. Sie erwähnen Oannes, ein amphibisches Wesen, das aus dem Roten Meer auftauchte und tagsüber den Menschen in Wissenschaft und Künsten unterwies.

Der bereits erwähnte Elsässer Forscher Rene Schwaller de Lubicz befaßte sich eingehend mit dem alten ägyptischen Kalender. Und hier ist augenfällig, daß Sirius (Sothis) auch hier wieder eine große Rolle spielt...

"Der Sothis-Kreislauf beruht auf der Übereinstimmung des *beweglichen Jahres* von *365* Tagen mit dem Sothis- (oder Sirius-) Jahr von 365¼ Tagen. Alle staatlichen Angelegenheiten Ägyptens wurden entsprechend dem unbestimmten Jahr datiert, das aus genau 360 Tagen plus den epagomentalen Tagen bestand, die den *Netern* geweiht waren: Osiris, Isis, Seth, Nephtys und Horus.

Das Sirius- oder *feste* Jahr wurde nach dem heliakalischen Aufgang des Sirius festgelegt, obwohl das Intervall zwischen zwei heliakalischen Aufgängen des Sirius (seinem gleichzeitigen Aufgang mit der Sonne) weder mit dem tropischen Jahr übereinstimmt, das kürzer ist, noch mit dem siderischen Jahr, das wiederum länger dauert. Es ist in diesem Zusammenhang bemerkenswert, daß sich die Position der Sonne in Bezug auf den Sirius wegen der Rücklaufbewegung der Tagundnachtgleichen und der Bewegung des Sirius offenbar in derselben Richtung und in nahezu demselben Ausmaß verschiebt wie der Sirius selbst.

Astronomische Berechnungen haben gezeigt, daß das Sirius-Jahr zwischen 4231 und 2231 v. Chr., der geschätzten Dauer des Zeitalters des Stieres, Apis, fast genau mit unserem julianischen Jahr von 365¼ Tagen zusammenfiel. Diese Periode umfaßte wahrscheinlich das gesamte alte Reich, 'und wir können nicht umhin, die Größe der Wissenschaft zu bewundern, die eine solche Übereinstimmung zu entdecken vermochte, denn *Sirius ist der einzige Stern unter den Fixsternen, der diese Eigenheit aufweist.* Es kann sogar angenommen werden, daß Sirius im Kreislauf unseres gesamten Sonnensystems die Rolle des Zentrums einnimmt'".

Bei den Ägyptern wurde der Sirius "Der große Ernährer" genannt. Und jetzt ein ganz wichtiger Pyramidentext:

Isis kommt zu Dir (Osiris), und erfreut sich Deiner Liebe

Dein Samen wächst in ihr, durchdringt (spd.t) wie Sirius (spd.t).

Der Eindringende (spd) Horus kommt über sie in seinem Namen

Horus-der-in-Sirius-ist.

Die Autorin Murry Hope bemerkt hierzu: "spd und spd.t stehen für die ägyptischen Hieroglyphen für Sothis *(Sirius),* das "t" zeigt das weibliche Geschlecht an. Sirius A galt als weiblich, Sirius B als männlich.[97]

Das astronomische Wissen der Dogon stammt also allem Anschein nach aus Ägypten und letztendlich vermutlich von Atlantis. Nur: Warum dieser Siriuskult?

Waren es tatsächlich Wesen vom Sirius, die die Erde besuchten und die Insel Atlantis begründeten? Allerdings werden diese angeblichen Kulturbringer in den Legenden lediglich als "Lehrmeister" beschrieben, nicht aber als Begründer einer Zivilisation – ebenso wie die Kachinas bei den Hopis.

Die Idee, daß Außerirdische hier gewesen sein könnten, hätte ich noch vor einigen Monaten kategorisch abgelehnt. Da ist die lange Strecke, die zurückzulegen wäre – man müßte schon ein Generationsraumschiff einsetzen –, und da ist das Problem des Proviants für eine derart lange Reise. Sicherlich würden Energieprobleme auftreten. Da ist die Frage nach dem Sinn des Ganzen. Schließlich konnte man beim Aufbruch nicht wissen, was einen am Ende der Reise erwarten würde.

Was das Problem der langen Reisedauer angeht, scheint sich in den letzten Jahren jedoch eine Möglichkeit aufzutun, die dieses Problem kraß minimieren könnte. Das Zauberwort heißt "Wurmloch". Nehmen wir ein Stück Papier und sehen es als "den Raum" an. Nun wollen wir von einer Stelle links des Papiers auf eine Stelle rechts desselben gelangen. Rollen wir nun das Papier so ein, daß die beiden Punkte übereinander liegen, und stellen wir eine senkrechte Verbindung her, dann ist der Weg deutlich kürzer. Diese Abkürzung wäre ein Wurmloch. Die Wurmlöcher wurden im Jahre 1916 auf mathematischem Weg als eine Lösung der Einstein'schen Feldgleichungen errechnet, und in den 50er Jahren beschäftige sich der Physiker John Archibald Wheeler mit der Thematik und stellte ebenfalls Berechnungen an. Das Problem ist allerdings, daß nach den Berechnungen das Wurmloch in irgendeinem Augenblick entsteht, sich kurz öffnet und dann wieder verschwindet. Seine Lebensdauer ist zu kurz, als daß Menschen oder auch nur Signale hindurchgelangen könnten. Nun sagt aber der geniale Physiker Stephen Hawking neuerdings: "Einsteins

---

97 Hope 1993.

allgemeine Relativitätstheorie scheint uns die Möglichkeit zu eröffnen, Wurmlöcher zu schaffen und zu nutzen – kleine Röhren, die verschiedene Regionen der Raumzeit miteinander verbinden. Wenn dies so wäre, könnten wir eines Tages in der Lage sein, Blitzreisen durch die Milchstraße oder durch die Zeit zu unternehmen."[98]

Wenn Hawking recht hat, dann sind einerseits Zeitreisen und andererseits interstellare Reisen durchaus denkbar.

Andererseits bräuchte eine Kultur, die nur etwas weiter entwickelt ist als die unsere, diese Möglichkeiten gar nicht, wenn sie vom Mars zur Erde reisen wollte. Nur: Gab es tatsächlich vor 100.000 Jahren eine hochentwickelte Zivilisation, die auf die Erde flüchtete, um sich dort niederzulassen? Die Indizien, die wir haben, lassen eine derartige Möglichkeit zwar denkbar erscheinen, aber resultierend aus der Tatsache, daß vor 100.000 Jahren auf dem Mars ein Klimawechsel stattgefunden haben dürfte, der die Bedingungen rapide verschlechtert hat, zu postulieren, daß es damals eine hochintelligente Rasse gab, erscheint mir im Moment zu gewagt. Auch der 1984 in der Antarktis aufgefundene berühmte Marsmeteorit ALH84001, der möglicherweise Spuren von bakteriellem Leben enthält, kann hier nicht als Beweis herhalten, zumal die Untersuchungen noch lange nicht abgeschlossen und die Untersucher sich auch überhaupt nicht einig sind. Ging anfangs die Meldung durch die Presse, die jetzt fossilierten Bakterien hätten sich einst auf dem Mars weiterentwickelt, so fragen sich manche Untersucher heute, ob der Meteorit überhaupt vom Mars stammt bzw. ob es sich bei den Funden im Meteoriten tatsächlich um fossilierte Bakterien handelt – auch wenn viele durchaus dieser Meinung sind. Und kurz vor Drucklegung dieses Buches besteht Einigkeit darin, daß es sich nicht um fossiliertes Bakterien handelt.

Für den Bestsellerautor Erich von Däniken steht schon lange fest, daß wir von Außerirdischen besucht werden, die nicht nur unsere Kultur gründeten, sondern auch unsere Evolution maßgeblich beeinflußten. Daher stamme auch unser unstetes Verlangen, unbedingt in den Weltraum fliegen zu wollen.

So schreibt er im Vorwort zu seinem Buch "Zurück zu den Sternen":

"Das Verlangen nach Frieden, die Suche nach der Unsterblichkeit, die Sehnsucht nach den Sternen – all dies gärt tief im menschlichen Bewußtsein und drängt seit Urzeiten unaufhaltsam nach Verwirklichung.

Ist dieses dem Menschenwesen tief eingepflanzte Drängen selbstverständlich? Handelt es sich tatsächlich nur um menschliche 'Wünsche'? Oder steckt hin-

---

98 Hawking 1997; zitiert aus dem Vorwort.

ter diesem Streben nach Erfüllung, diesem Heimweh nach den Sternen, etwas ganz anderes?

Ich bin überzeugt, daß unsere Sehnsucht nach den Sternen durch ein von den 'Göttern' (Außerirdische Astronauten, die vor langer Zeit hier waren und ihre Gene mit denen von Primaten kreuzten, um intelligente Wesen 'nach ihrem Bilde zu formen', Anm. d. Autors) hinterlassenes Erbe wachgehalten wird. In uns wirken gleichermaßen Erinnerungen an unsere irdischen Vorfahren und Erinnerungen an unsere kosmischen Lehrmeister. Das Intelligentwerden des Menschen scheint mir nicht das Ergebnis einer endlosen Entwicklung gewesen zu sein..."

Ich halte diesen Gedanken für nicht ausgeschlossen, halte es aber weiter für am wahrscheinlichsten, daß die Mehrzahl der "Götter" aus Atlantis gekommen sind, während Plato die Göttergeschichten in bezug auf die Gründung von Atlantis tatsächlich nur eingeflochten hat, so daß die Umstände um dieses Ereignis weiter im Dunkeln bleiben dürften.

Ebenso im Dunkeln bleibt damit aber auch das Sirius-Rätsel. Warum waren die alten Ägypter dermaßen auf Sirius fixiert und nicht beispielsweise auf die Sonne, was ja wesentlich naheliegender wäre? Ich muß zugeben, daß ich zur These, Außerirdische aus der Sirius-Gegend seien einmal hiergewesen, bislang keine plausible alternative Erklärung finden konnte.

Wir wissen – um wieder auf unser Thema zurückzukommen – auch nicht, *wann* Atlantis gegründet wurde. Die einzige Zeitangabe, die wir in dieser Sache haben, ist die von Edgar Cayce, der in seinen Readings behauptete, daß Atlantis bereits vor 100.000 Jahren bestanden haben soll. Grund genug, uns einmal einige Readings des Edgar Cayce anzusehen.

Abbildung; Ehemalige Flußläufe in der Sahara (Wadi Kufra/Libyen) die mit Hilfe von Satelliten-Radar-Aufnahmen in der Nähe der Kufra-Oase in Süd-Ost-Libyen entdeckt wurden. (Quelle: NASA)

Der Nemrut Dagi (ca. 2200 Meter über dem Meer) in Westkurdistan/Türkei. Ostseite der Schotterpyramide die angeblich der Grabhügel von König Antiochos von Kommagene ist. Seine Grabkammer blieb bisher allerdings unentdeckt. Einige Kilometer weiter findet sich ein ähnlicher Grabhügel, von dem man annimmt, daß er seine Gattin enthält. (Foto: Lars Böck)

Die Pyramide von Hattuscha (Anatolien/Türkei). Hier handelt es sich um einen künstlich angelegten pyramidenförmigen Hügel der in die Stadtmauern von Hattuscha (dem einstigen Herrschersitz der Hetiter) integriert wurde. Ungefähr 70 Stufen hoch führt die Pyramide und wird auf Höhe der Stadtmauern abgeschlossen. Mittig auf der Pyramide ist das Sphinx-Tor, darunter verläuft durch die Pyramide ein Ausfalltunnel, eine sogenannte Poterne (ein geheimer unterirdischer Gang) welche es den Eingeschlossenen bei einem feindliche Angriff oder einer Belagerung erlaubte von Süden her den Angreifern in den Rücken fallen zu können. Man nimmt an, daß die Pyramide als Verteidigungsinstrument geplant wurde. (Foto: Lars Böck)

Kapitel 5: Viele und vielfältige Vernichtungen von Menschen haben stattgefunden und werden stattfinden!

Wurde Atlantis in drei Schüben vernichtet? Das Atlantis des Edgar Cayce ∴ Destruktive Kräfte, fehlgeleitete Kräfte oder Planetoideneinschlag als Verursacher der Zerstörungen? ∴ Als der Sonnenwagen in den Eridanos stürzte ∴ Glühbirnen und elektrischer Strom im alten Ägypten? ∴ Wurde Atlantis im Bahama Bimini-Gebiet gefunden?

Edgar Cayce datierte Atlantis tatsächlich weit in die Vergangenheit zurück, und er weiß noch einige interessante und abenteuerlich klingende Dinge über Atlantis zu berichten, so daß ich Ihnen in diesem Kapitel einige seiner diesbezüglichen Readings vorstellen möchte, während ich später auf Cayce selbst und seine möglichen Quellen eingehen werde.

Zunächst zur Position des einstigen Atlantis nach Cayce:

"Die Position, die der Kontinent einnahm, liegt zwischen dem Golf von Mexiko auf der einen und dem Mittelmeer auf der anderen Seite. Beweise dieser verlorenen Zivilisation sind in den Pyrenäen und in Marokko, Britisch Honduras, Yukatán und Amerika zu finden. Es gibt einige vorstehende Teile innerhalb derselben, die zu dieser oder jener Zeit Teile des großen Kontinentes gewesen sein müssen. Die britischen Westindiens oder die Bahamas und ein Teil desselben, der – falls geologische Vermessungen in einigen von ihnen durchgeführt werden – in der Gegenwart gesehen werden kann, sind in dieser Umgebung besonders auffällig in Bimini und im Golfstrom, und das könnte jetzt noch ermittelt werden."[99]

Als ich diese Stelle zum ersten Mal las, war ich geneigt, die ganzen Cayce-Reading als null und nichtig zu erachten, denn ein riesiger Kontinent, der den ganzen Atlantik ausfüllt – das ist gemäß der Wegenerschen Kontinentaldrift einfach nicht möglich. War Cayce also ein Schwindler? Man könnte durchaus auf diesen Gedanken kommen, wenn nicht andere seiner Aussagen sich auf verblüffende Weise zu bewahrheiten schienen...

"Mit dem fortgesetzten Ignorieren dessen, was die reine Rasse und die reinen Menschen hielten, solche, die all diese Gesetze der Söhne Gottes gebracht hatten und anwandten, brachte man die zerstörerischen Kräfte, die angewandt wurden, als die Menschen, die sich nicht an die Regeln hielten im Zu-

[99] Reading 364-3.

sammenspiel mit den natürlichen Ressourcen der Gase, der elektrische Kräfte, die in der Natur und in natürlicher Form gemacht waren, den ersten der Ausbrüche brachten, die aus den Tiefen der schnell abkühlenden Erde erwachte und in dem Teil, der jetzt neben dem, was nun die Sargasso-See genannt wird, in die Tiefen ging. Mit diesen dort wieder kann jener Ausweg durch Leute, die halfen oder versuchten, die Kontrolle anzunehmen, jetzt getragen mit all jener Form des Amilus, die er durch diese wie als Zeichen gewann, als Jahreszeiten, als Tage und als Jahre. Also finden wir in diesen verschiedenen Teilen der Welt gerade in den gegenwärtigen Tagen einige Formen dessen, was durch solche Menschen während dieser großen Entwicklung in jenem Eden der Welt geschehen war."[100]

Zunächst sei einmal der Hinweis angebracht, daß Edgar Cayce mit der "reinen Rasse" sicherlich keine rassistischen Äußerungen tätigen wollte. Cayce redete immer vom "Geistigen", und so hatte er in diesem Zusammenhang sicherlich auch die geistige Reinheit im Sinn. Das Reading an sich ist z.T. sehr rätselhaft, der Hinweis auf Amilus nicht erklärbar, interessant ist aber einmal der Hinweis auf elektrische Kräfte – wir erinnern uns einmal an die Legenden der Mandan-Indianer, nach denen deren Vorfahren aus einem Land kommen, in dem das Feuer nicht verlöscht, was an elektrisches Licht erinnert – und zum zweiten ist da der Hinweis auf "den ersten der Ausbrüche." Laut Edgar Cayce ging Atlantis nämlich in drei Schüben unter.

Zur ursprünglichen Größe von Atlantis sagt Cayce:

"Atlantis hatte vergleichsweise die Größe von Europa einschließlich Asien in Europa – nicht Asien, aber Asien in Europa. Das setzt sich zusammen, wie gesehen während oder nach der ersten der Zerstörungen, die wir nun so bezeichnen würden – mit der gegenwärtigen Position – im am südlichsten liegenden Teil – wurden Inseln gebildet durch die ersten (wie man sagen würde) vulkanischen oder eruptiven Kräfte, die in die Zerstörung desselben mithineinspielten."[101]

"Im ersten (früheren) oder größeren Teil von Atlantis finden wir das, was wir nun als "südliche Teile Südamerikas" und "Arktis" oder "Nord-Arktische Regionen" kennen, während der in dem, was wir jetzt Sibirien nennen – oder der Hudson Bay – mehr in den tropischen Regionen lag, oder der Position, die nun nahe dem liegt, was als die gleiche Linie laufen würde, vom Südpazifik oder zentralpazifischen Regionen – und den gleichen Weg herum."[102]

---

[100] Reading 364-4.
[101] Reading 364-6.
[102] Reading 364-4.

Ein Hinweis auf eine andere Lage der Pole, einen anderen Verlauf des Äquators?

" 'Frage: Beschreiben Sie detailliert die Gründe und Effekte der Zerstörung des Teiles von Atlantis, der nun die Sargasso-See ist.'

'Antwort: Als es diese Individuen gab, die versuchten, mehr als die Kräfte, die durch die enge Beziehung des mentalen und geistigen bzw. der seelischen Kräfte manifestiert sind, zu dem Geist der Menschheit zurückzubringen, gab es mehr und mehr Individuen und periodischen Formen in der Welt; der Gebrauch dieser Elemente – zum Aufbau oder der Reise von Individuen durch den Weltraum – brachten dann den Gebrauch der Gase (in den existierenden Kräften) zustande, und die Individuen waren in der Lage, Elemente zu werden und selbst elementar hinzugefügt zur Benutzung dessen, was wir heute als das Abziehen der Kräfte aus der Sonne selbst kennen, zu jenen Strahlen, die für den Zerfall des Atoms sorgt, in gasförmigen Kräften, und brachten die Zerstörung über den Teil des Landes, der nun die Sargasso-See darstellt oder repräsentiert oder genannt wird.'"[103]

Wie ich meine ein hochinteressanter Text. Hier wird nicht nur die Solarenergie und die Verwendung von Atomkraft angesprochen, sondern Cayce erwähnt hier klipp und klar die Wendung "Reise durch den Weltraum", und er erwähnt etwas vom "elementar werden von Individuen". Spielt Cayce hier auf eine Art molekularen Transport menschlicher Organismen an?

"Poseidia wird unter den ersten Teilen von Atlantis sein, die wieder auftauchen."[104]

In einem anderen Reading[105] sprach Edgar Cayce sogar den Zusatz *"Man kann es im Jahre 1968 oder 1969 erwarten."*

Man hat diese Stelle oft mit Entdeckungen im Bimini-Gebiet in Verbindung gebracht, die 1968 gemacht worden sind. Oft wird Edgar Cayce angedichtet, er habe die Entdeckung eines Tempels in jenem Gebiet sogar für 1968 oder 1969 vorausgesagt. Sein Sohn Edgar Cayce-Evans beteuert allerdings, daß dies nicht der Fall war. Und die Entdeckung eines Tempels, die gemeinsam mit der "Poseidia-Prophezeiung" immer wieder genannt wird, stamme aus einem ganz anderen Reading, nämlich aus dem Reading 440/5 vom 20. Dezember 1933, in dem es heißt: *"...In den versunkenen Teilen von Atlantis oder Poseidia kann man noch einen uralten Tempel entdecken ... unter dem uralten Schlamm des Meerwassers, in der Nähe von Bimini vor der Küste von Flori-*

---

[103] Reading 364-11.

[104] Reading 958-3.

[105] Reading 958-5 aus dem Jahre 1958 nach Cayce Evans, G. Cayce-Schwarzer D.G. Richards 1988.

da.“ Eine weitere Stelle aus dem Reading 584/4 vom 1. Juli 1935 ist in diesem Zusammenhang ebenfalls interessant, wo es heißt: *“Und wenn die Veränderungen beginnen, so werden diese Teile als erste wieder auftauchen.”*[106]

Tatsächlich wurden im Bimini-Gebiet interessante Funde gemacht, die an Cayces Atlantis denken lassen.

Der Forscher Dr. Manson Valentine entdeckte im Jahre 1959 die sog. Bimini-Straße im Bereich der Bahama-Inseln. Im seichten Wasser der Kleinen Bahama-Bank – und zwar nördlich der Bimini-Inseln – fand er im Sand riesige quaderförmige Felsblöcke von drei bis sechs Metern Kantenlänge. Und die waren in parallelen Reihen angeordnet wie ein riesiges Pflaster einer Straße oder einer Mauerkrone. Diese Steinformation erstreckt sich über eine Länge von mehreren 100 Metern. Dann verschwindet sie im Sand. 50 km südlich der Bimini-Inseln fand Valentine auf der Großen Bahama-Bank in nur vier Metern Wassertiefe lange Steinreihen und dunkelfarbige rechteckige Steinblöcke. Östlich dieser Inseln entdeckte er eine riesige mauerartige Steinanlage in Gestalt eines Dreiecks. Ein etwa 100 m langes Rechteck schloß sich an. Dieses war von einem Steinwall umgeben, durch den sich quer ein Kanal zieht. Nördlich der Anlage wurden noch drei kreisförmige Steinkonstruktionen gefunden. Valentine soll 30 Plätze lokalisiert haben, an denen sich derartige Ruinen befinden dürften.[107]

Interessanterweise wurde tatsächlich im Jahr 1968 von zwei Piloten, die der *Association for Research and Enlightment* – einer Organisation, die Edgar Cayce nahesteht – angehörten, bei der Insel Andros ein rechteckiges Bauwerk gefunden, dessen von Seegras und Schwämmen bedeckte Ränder sich ziemlich nahe unter der Wasseroberfläche abzeichneten. Das Innere des Baus war durch steinerne Trennwände in verschiedene Abschnitte aufgegliedert. Und die Seitenwände setzten sich nach unten im Sand weiter ab. Einen möglichen Fußboden hat man jedoch noch nicht gefunden.

Der Kapitän eines Charterschiffes will in einer Tiefe von zwölf Faden eine Stufenpyramide entdeckt haben.[108]

Im Jahre 1977 wurde im Bimini-Bereich eine große Unterwasserpyramide entdeckt. Sie soll mindestens 140 Meter hoch sein. Ihre Basisseiten messen jeweils etwa 150 Meter. Sie wurde aufgrund von Echolotmessungen entdeckt.

---

[106] Cayce-Evans, G. Cayce-Schwarzer u. D.G. Richards 1978.

[107] Aschenbrenner 1993.

[108] Berlitz 1972.

Ob diese Pyramide nun künstlichen oder natürlichen Ursprungs ist, ist wenig gesichert.[109]

Die Taucher D. Rebikoff und P. Turolla fanden später in jener Gegend sechseckig geformte Steinfliesen mit einem Durchmesser von annähernd 20 cm. Sie waren in geraden Reihen angeordnet.

Herb Sawinski registrierte im Jahre 1982 auf der weiter südlich gelegenen Cay Sal Bank mehrere Mauern und Steinpflaster.[110]

Schon früher wurden im Bahama/Bimini-Gebiet interessante Entdeckungen (Säulen) gemacht. Aber oft konnten die Untersuchungen wegen höherer Gewalt (Sturm) nicht zu Ende geführt werden.

Zurück zu den Cayce-Readings:

"Die ENTITY war im Land des gegenwärtigen Aufenthaltes während der frühen Tätigkeiten von Leuten, die aus Atlantis vertrieben worden waren. Die ENTITY war unter jenen aus der zweiten Generation von Atlantis, die nordwärts gegen Yukatán kämpften und in dem, was jetzt ein Teil von Kentucky, Indiana und Ohio ist, seßhaft wurden, sie war unter jenen, die in der früheren Periode als Mound Builders bekannt waren. Die ENTITY war dann unter denen, die den Leuten Frucht und Erde lieferten, und lernte, wie Korn zu Mahlzeiten verarbeitet werden kann – obwohl es in jenen Perioden roh verzehrt wurde."[111]

"Die ENTITY war in der Atlantischen Erfahrung, als es viele Veränderungen gab, die durch diese Leute errungen wurden – besonders bald nach dem ersten Sinken oder Verschwinden des Landes. Die ENTITY war dann unter jenen Leuten, die bei der Ausbeutung dieser Veränderungen zwischen jenen der Felder und der Städte halfen. Die ENTITY, dann in Kraft, verlor viel durch die Ereignisse, gewann lediglich im neueren Teil, als sie eine von jenen wurde, die in die westlichen Länder gingen, um das gleiche aufzubauen. Also befinden wir, daß die ENTITY ein Amerikaner durch und durch ist."[112]

"Von der endgültigen Zerstörung von Atlantis blieben die Inseln Poseidia, Aryan und Og vom Sinken verschont."[113]

"In den aktiven Kräften von diesen brachte die ENTITY zerstörerische Kräfte durch das Niederlassen – in den verschiedenen Teilen des Landes – die Per-

---

109 Berlitz 1977.

110 S. Charles Berlitz 1972.

111 Reading 3528-1, wie alle nachfolgenden Readings der Internetseite http://wrldnet.net/~bluapple/atl.htm entnommen und übersetzt.

112 Reading 1922-1.

113 Reading 364-6.

sönlichkeit wirkte auf das Produzieren der Kräfte in den verschiedenen Formen der Tätigkeiten der Leute in den Städten, den Dörfern, der Länder und in der Umgebung selbst hin. Das, nicht vorsätzlich, wurde zu hoch getunt – und brachte die zweite Periode zerstörerischer Kräfte zu den Leuten im Land; und das Land brach zu den Inseln auf, was später zu der Zeitspanne führte, in der die weiteren Zerstörungen in das Land gebracht wurden."[114]

"Die ENTITY war im Land, das wir nun das Atlantische nennen, als es jene gab, die nach der Zweckmäßigkeit des Bekanntmachens der Arbeiter mit der Anwendung der materiellen Gesetze und ihren spirituellen Gesetzen fragten. Die ENTITY verband sich dann mit den Söhnen des Gesetzes des Einen, die für diese Verbindungen gemacht ist – und sahen die göttlichen und geistigen Gesetze, die in den Händen der Söhne des Belial destruktiv wurden. Denn wenn diese Aspekte für die motorischen Kräfte aus den Strahlen der Sonne vorbereitet wurden effektiver zu sein bezüglich der Tätigkeiten dieser Fahrzeuge und der elektrischen Kräfte, kurbeln diese die Elemente der Erde an, die die ersten Unruhen verursachten."[115]

Die erste der Zerstörungen – von insgesamt drei größeren. Wie Cayce berichtete auch Plato von *mehreren* Zerstörungen, die sich allerdings – im Gegensatz zu Cayce – nicht zwangsläufig auf Atlantis beziehen. So läßt Plato einen ägyptischen Priester sagen:

"Von alledem ist nämlich das Folgende die Ursache, viele und vielfältige Vernichtungen von Menschen haben stattgefunden, und werden sich ereignen durch Feuer und Wasser die größten, andere kleinere auf tausenderlei andere Weise. Das nun und auch bei euch mündlich Überlieferte aber ist wahr; es existiert ein Hin- und Herbewegen (Pendelbewegung) der um die Erde zum Himmel kreisenden (der Planeten), und dies ist während langer Zeiträume entstanden zum Verderben der Erdbewohner durch großes Feuer."[116]

"Wieviele nun damals in den Bergen und auf hochgelegenen Orten und in trockenen Häusern wohnten, wurden eher vernichtet, als die Siedler an Flüssen oder am Meer; unser Retter aber war der Nil, wie andere Male auch damals; er hat uns aus dieser Schwierigkeit errettet und erlöst."[117]

"Wieviel wir aber in Eurer Nähe sowohl hier wie in anderen Orten aus der mündlichen Überlieferung wissen, ob etwas Schönes oder Großes geschah, oder irgendetwas Anderes Bedeutung hatte, alles war seit alters her hier in

---

[114] Reading 440-5.
[115] Reading 1297-1.
[116] Timaios 22 c, nach Barbara Pischel (gilt auch für die folgenden Fußnoten).
[117] Timaios 22d.

den Tempeln aufgeschrieben und so gerettet worden; alles, was in Eurer Nähe und bei anderen noch fällig ins Werk gesetzt worden ist, mußten die Gemeinden schriftlich und mit statistischen Daten (wörtlich: in allen Einzelheiten wie viele) aufschreiben, und wiederum war wegen der Jahre in gewohnter Weise, wie eine geleistete Krankenpflege, zu ihnen die Himmelsbewegung sie heimzuführen gekommen und ließ unter Euch die Analphabeten und Amusischen übrig, so daß ihr wieder von Anfang an wie Neugeborene wart, und nichts wußtet, weder von dem Dortigen noch wen Euren nächsten Nachbarn, wieviel sich auch in den älteren Zeiten ereignet hatte."

Plato spricht eindeutig von himmlischen Ursachen für die jeweiligen Katastrophen, die die Menschheit zurückwarf, während Cayce die falsche Anwendung von Naturkräften und den starken Einfluß einer zerstörerischen Gruppe für die jeweiligen Untergänge von Atlantis zugrunde legte.

Gemäß Plato hätte der ägyptische Priester dem Solon folgende Erdumwälzungen aufgezählt:

Erdkatastrophen durch Phaidon (Phaeton), des Helios Sohn[118]

Sintflut[119]

die "Parallaxe der um die Erde gehenden Himmelskörper"[120]

"die von den griechischen Kindermythen (Märchen) erwähnte eine Sintflut auf der Erde, während doch

deren viele stattgefunden haben"[121]

"Die größte Wasserflut betraf, o Solon, auch eure damals beste Polis, hinsichtlich Kriegsführung und allem Anderen von bestem Namen, nach welcher die schönsten Werke und die schönsten Taten von allen unter dem Himmel vollbracht worden sein sollen."[122]

Interessant ist hier insbesondere die Erwähnung der Phaeton-Sage, die gemäß Plato einen wahren Kern aufweist.

"Auf herrlichen Säulen erbaut, stand die Königsburg des Sonnengottes von blitzendem Gold und glühendem Karfunkel schimmernd, den obersten ersten Giebel umschloß blendendes Elfenbein, gedoppelte Türen strahlten in Silberglanz, darauf in erhabener Arbeit die schönsten Wundergeschichten zu schauen waren. In diesen Palast trat Phaeton, der Sohn des Sonnengottes Helios, und verlangte den Vater zu sprechen. Doch stellte er sich nur von ferne hin,

---

118 Timaios 22c.
119 Timaios 22d/e.
120 Timaios 22d.
121 Timaios 23b.
122 Timaios 23c.

denn in der Nähe war das strahlende Licht nicht zu ertragen Der Vater Helios, von Purpurgewand umhüllt, saß auf seinem fürstlichen Stuhle, der mit glänzenden Smaragden besetzt war; zu seiner Rechten und seiner Linken stand sein Gefolge geordnet, der Tag, der Monat, das Jahr, die Jahrhunderte und die Horen (Stunden); der jugendliche Lenz mit seinem Blütenkranze, der Sommer mit Ährengewinden bekränzt, der Herbst mit einem Füllhorn voll Trauben, der eisige Winter mit schneeweißen Haaren. Helios, in ihrer Mitte sitzend, gewahrte mit seinem allschauenden Auge bald den Jüngling, der über so viele Wunder staunte. 'Was', sprach er, 'führt dich in den Palast deines göttlichen Vaters, mein Sohn' Phaeton antwortete: 'Erlauchter Vater, man spottet mein auf Erden und beschimpft meine Mutter Klymene. Sie sagen, ich erheuchle nur himmlische Abkunft und sei der Sohn eines dunklen Vaters. Darum komme ich, von dir ein Unterpfand zu erbitten, das mich vor aller Welt als deinen wirklichen Sproß erweise,' sprach er. Da legte Helios die Strahlen, die ihm rings das Haupt umleuchten, ab und hieß ihn näher herantreten; dann umarmte er ihn und sprach: 'Deine Mutter Klymene hat die Wahrheit gesagt, mein Sohn, und ich werde dich der Welt nimmermehr verleugnen. Damit du aber ja nicht ferner zweifelst, so erbitte dir ein Geschenk! Ich schwöre beim Styx, dem Flusse der Unterwelt, deine Bitte, welche sie auch sei, soll dir erfüllt werden!' Phaeton ließ den Vater kaum ausreden. 'So erfülle mir denn', sprach er, 'meinen glühendsten Wunsch, und vertraue mir nur auf einen Tag die Lenkung deines geflügelten Sonnenwagens an.'

Schrecken und Reue ward sichtbar auf dem Angesichte des Gottes. Drei-, viermal schüttelte er sein umleuchtetes Haupt und rief endlich: 'O Sohn, du hast mich ein sinnloses Wort sprechen lassen! Du verlangst ein Geschäft, dem deine Kräfte nicht gewachsen sind; du bist zu jung; du bist sterblich, und was du wünschest, ist ein Werk der Unsterblichen! Ja du erstrebst sogar mehr, als übrigen Göttern zu erlangen vergönnt ist. Denn außer mir vermag keiner ihnen auf der glutsprühenden Achse zu stehen. Der Weg, den mein Wagen zu machen hat, ist gar steil, mit Mühe erklimmt ihn in der Frühe des Morgens mein noch frisches Rossegespann. Die Mitte der Laufbahn ist zuoberst am Himmel. Glaube mir, wenn ich auf meinem Wagen in solcher Höhe stehe, da kommt mich oft selbst ein Grausen an, und mein Haupt droht ein Schwindel zu fassen, wenn ich herniederblicke in die Tiefe und Meer und Land unter mir liegen. Zuletzt ist dann die Straße ganz abschüssig, da bedarf es der sichersten Lenkung. Die Meeresgöttin Thetis, die mich in ihre Fluten nimmt, zittert jedesmal vor Bangen, ich möchte in die Tiefe geschmettert werden. Dazu bedenke, daß der Himmel sich in beständigem Umschwunge dreht und ich diesem reißenden Kreislauf entgegenfahren muß. Wie vermöchtest du das, wenn ich dir auch meinen Wagen gäbe? Darum, geliebter Sohn, verlange nicht ein so schlimmes Geschenk, und bessere deinen Wunsch, solange es noch Zeit ist! Verlange, was du sonst willst von allen Gütern des Himmels und der Erde! Ich schwöre dir beim Styx, du sollst es haben! – Was umarmst du mich mit solchem Ungestüm?'

Aber der Jüngling ließ mit Flehen nicht ab, und der Vater hatte den heiligen Schwur geschworen. So nahm er denn seinen Sohn bei der Hand und führte ihn zu dem Sonnenwagen, des Hephaistos herrlicher Arbeit. Achse, Deichsel und der Kranz der Räder waren von Gold, die Speichen Silber; vom Joche schimmerten Edelsteine. Während Phaeton die herrliche Arbeit beherzt anstaunte, öffnet im geröteten Osten die erwachte Morgenröte ihr Purpurtor und ihren Vorsaal, der voll Rossen ist. Die Sterne verschwinden allmählich, und die äußersten Hörner des Mondes verlieren sich am Rande. Jetzt gibt Helios den geflügelten Horen (= Stunden) Befehl, die Rosse zu schirren; und diese führen die glutsprühenden Tiere, von Ambrosia gesättigt, herbei und legen ihnen herrliche Zäume an.

Während dies geschah, bestrich der Vater das Antlitz seines Sohnes mit einer heiligen Salbe, daß es die glühende Flamme ertrüge. Um das Haupthaar legte er ihm seine Strahlensonne, aber er seufzte dazu und sprach warnend: 'Kind, schone mir die Stacheln, brauche wacker die Zügel; denn die Rosse rennen schon von selbst, doch es kostet Mühe, sie im Fluge zu halten. Senke dich nicht zu tief, sonst gerät die Erde in Brand; steige nicht zu hoch, sonst verbrennst du den Himmel. Auf, die Finsternis flieht, nimm die Zügel zur Hand; oder – noch ist es Zeit; besinne dich, liebes Kind, überlaß den Wagen mir, laß mich der Welt das Licht schenken und bleibe du Zuschauer!'

Der Jüngling schien die Worte des Vaters gar nicht zu hören, er schwang sich mit einem Sprung auf den Wagen, ergriff voll Freude die Zügel und nickte dem unglücklichen Vater einen kurzen, freundlichen Dank. Mittlerweile füllten die vier Flügelrosse mit glutatmendem Wiehern die Luft, und ihr Huf stampfte gegen die Barren. Thetis, Phaetons Großmutter, welche nichts vom Lose des Enkels ahnte, tat die Tore auf; die Welt lag in unendlichem Raume vor den Blicken des Knaben, die Rosse flogen die Bahn aufwärts und spalteten die Morgennebel. Inzwischen fühlten die Rosse wohl, daß sie nicht die gewohnte Last trugen; und wie Schiffe, wenn sie das rechte Gewicht nicht haben, im Meere schwanken, so machte der Wagen Sprünge in der Luft, ward hoch emporgestoßen und schlingerte dahin, als wäre er leer. Als das Rossegespann dies merkte, rannte es blindlings, die gebahnten Räume verlassend. Phaeton fing an zu erbeben, er wußte nicht, wohin die Zügel lenken, wußte den Weg nicht, wußte nicht, wie er die wilden Rosse bändigen sollte. Als nun der Unglückliche hoch vom Himmel abwärts sah, auf die tief, tief unter ihm sich hinstreckenden Länder, wurde er blaß und seine Knie zitterten von plötzlichem Schrecken. Er sah rückwärts; schon lag viel Himmel hinter ihm, aber mehr noch vor seinen Augen. Ratlos, was beginnen, starrte er in die Weite, ließ die Zügel nicht nach, zog sie auch nicht weiter an; er wollte den Rossen rufen, aber er kannte ihre Namen nicht. Mit Grauen sah er am Himmel die abenteuerlichen Gestalten der Sternbilder. Da ließ er, von kaltem Entsetzen gefaßt, die Zügel fahren, und wie diese herabschlotternd den Rücken der Pferde berührten, so verließen die Rosse ihre Spur, schweiften seitwärts in fremde Luftgebiete, gingen bald hoch empor, bald tief hernieder; jetzt stießen sie an den Fixsternen an, jetzt wurden sie auf abschüssigem Pfade in die Nachbarschaft der Erde herabgerissen. Schon berührten sie die erste Wolkenschicht, die bald entzündet aufdampfte. Immer tiefer stürzte der Wagen, und unversehens war er einem Hochgebirge nahegekommen. Da lechzte vor Hitze der Boden, spaltete sich, und weil plötzlich alle Säfte austrockneten, fing er an zu glimmen; das Heidegras wurde weißgelb und welkte hinweg; weiter unten loderte das Laub der Waldbäume auf; bald war die Glut bei der Ebene angekommen: nun wurde die Saat weggebrannt; ganze Städte loderten in Flammen auf, Länder mit all ihrer Bevölkerung wurden versengt; rings brannten Hügel, Wälder und Berge. Die Ströme versiegten oder flohen erschreckt nach ihrer Quelle zurück, das Meer selbst wurde zusammengedrängt, und was jüngst noch See war, wurde trockenes Sandfeld.

An allen Seiten sah Phaeton den Erdkreis entzündet; ihm selbst wurde die Glut bald unerträglich; wie tief aus dem Innern einer Feuersee atmete er siedende Luft ein und fühlte unter seinen Sohlen, wie der Wagen erglühte. Schon konnte er den Dampf und die vom Erdbrand emporgeschleuderte Asche nicht mehr ertragen; Qualm und pechschwarzes Dunkel umgaben ihn; endlich ergriff die Glut seine Haare, er stürzte aus dem Wagen, und brennend wurde er durch die Luft gewirbelt, wie zuweilen ein Stern bei heiterer Luft durch den Himmel zu schießen scheint. Ferne von der Heimat nahm ihn der breite Strom Eridanos auf.

Helios, der Vater, der dies alles mit ansehen mußte, verhüllte sein Haupt in brütender Trauer. Damals, sagt man, sei ein Tag der Erde ohne Sonnenlicht vorübergeflohen: Der ungeheure Brand leuchtete allein."[123]

In dieser Sage sind etliche Hinweise gegeben, die auf den Einschlag eines astronomischen Körpers schließen lassen. Vor allen Dingen bemerkenswert ist aber die Tatsache, daß gerade die Katastrophe und die Katastrophenfolge sehr

[123] Schab/Seewald 1961.

genau beschrieben werden. Da ist der Hinweis auf den hellen Tag, der Phaeton lenkte den Sonnenwagen, und wie wir uns erinnern, datierte Otto H. Muck den Einschlag des Planetoiden, der in den Atlantik einschlug, auf die Mittagszeit, jene Zeit, in der die Sonne, "zuoberst stand". Phaeton schoß durch den Himmel "wie ein Stern bei heiterer Luft". Beim Aufschlag wurde eine ungeheure Hitze frei, der Weltenbrand wird angedeutet, der infolge des Einschlages eines größeren Körpers zwangsläufig auftritt. Einen deutlichen Hinweis auf Vulkanausbrüche finden wir in der Phaeton-Sage ebenfalls. Helios verhüllte sein Haupt – die Sonne schien eine Zeitlang nicht mehr. Erneut ein Hinweis auf ein Post-Impakt-Szenario.

Aus den Cayce-Readings scheint demgegenüber hervorzugehen, daß die Menschen zumindest an einigen der Umwälzungen selbst schuld waren.

"Die ENTITY war in jenem Land, das wir jetzt das Atlantische nennen, als es jene gab, die nach der Zweckmäßigkeit, Arbeiter mit der Anwendung der materiellen Gesetze und ihrer spirituellen Gesetze bekannt zu machen, fragten. Die ENTITY verband sich dann mit den Söhnen des Gesetzes des Einen, die für diese Verbindungen gemacht waren und sahen die göttlichen und geistlichen Gesetze, als diese in den Händen der Söhne des Belial destruktiv wurden. Denn, als diese Aspekte für die aus den Strahlen der Sonne begründeten Kräfte in ihrer Effektivität bezüglich der Tätigkeiten der Schiffe und elektrischen Kräfte weiterentwickelt wurden, wandten sich diese gegen die Elemente und verursachten die erste Aufruhr".[124]

Erneut finden hier die "elektrischen Kräfte" Erwähnung. Diese könnte man natürlich getrost ins Reich der Fabeln verweisen, wenn es da nicht die Erinnerungen der Mandan-Indianer gäbe, die von den geheimnisvollen" unauslöschbaren" Lichtern sprechen. Ein Hinweis auf elektrisches Licht in der sogenannten Steinzeit?

In Ägypten, etwa 70 km nördlich von Luxor, liegt der Tempel von Dendera. Wann dieser Tempel erbaut wurde, weiß man nicht. In diesem Tempel existieren neben beeindruckenden Deckengemälden, die den Tierkreis darstellen, unterirdische Kammern, die mit üppigen Reliefs versehen sind. Eine solche Darstellung befindet sich in einem unterirdischen schlauchartigen Raum von 4,60 Meter Länge und 1,12 Meter Breite. Es muß eine Quälerei sein, sich durch dieses Labyrinth in den stockdunklen Raum herunterzuquälen, wie der Autor Walter Jörg Langbein aus eigener Erfahrung zu berichten weiß. Hat man eine Taschenlampe dabei, dann kann man neben Darstellungen von Menschen und Göttern auch blasenförmige Objekte erkennen, die an überdimensionale

[124] Reading 1297-1.

Glühbirnen erinnern. Die Fachwelt ist sich weder in bezug auf den Zweck der unterirdischen Räume einig, noch hat sie eine klare Vorstellung davon, was diese Gebilde darstellen sollen. Walter Jörg Langbein erkannte deutlich – Glühbirnen – große wuchtige Glaskörper mit Fassungen am Ende. Die beiden Schriftsteller Reinhard Habeck und Peter Krassa haben durch den Diplom-Ingenieur Walter Garn ein Modell nach dem Vorbild von Dendera anfertigen lassen. Walter Garn hierzu: "Die Darstellung in der unterirdischen Kammer von Dendera zeigt ein präzises Modell einer funktionstüchtigen "Glühbirne". Strom war dazu erforderlich und ein Gerät, um in der Birne ein Vakuum zu erzeugen."[125]

"Strom war dazu erforderlich!" Strom – elektrische Kräfte...

Eine ähnliche Darstellung wurde auch im Hathor-Tempel gefunden, und Eliphas Levi – ein französischer Geheimwissenschaftler – äußerte sich mit Bewunderung über die alten Ägypter, deren Priesterschaft dazu in der Lage war, Tempelbauten in "überirdischer Klarheit" erstrahlen zu lassen. Die Übersetzung der Dendera-Hieroglyphen scheint die Strom-These zu bestätigen. Dazu Garn: "Die sachbezogene Filterung der Dendera-Übersetzung ergibt eine gute Betriebsanleitung der im Hathor-Tempel abgebildeten Leuchtkörper. Aus den Texten ist jedenfalls kein Widerspruch zu unserer Behauptung zu entdecken, daß die alten Ägypter bereits mit elektrischem Strom umzugehen verstanden."[126]

"Durch die gleiche Form des Feuers, das die Körper der Einzelnen regeneriert, durch die Anwendung der vom Stein ausgehenden Strahlen, der Einflüsse, die den tierischen Organismen zerstörerische Kräfte brachten, verjüngte sich der Körper selbst des öfteren und verblieb in dem Land bis zur schließlichen Zerstörung und verband sich mit den Leuten, die für das Aufbrechen des Landes gesorgt haben – bzw. verband sich mit Baalial zur endgültigen Zerstörung des Landes. Zuerst war es weder die Intension noch der Wunsch nach zerstörerischen Kräften. Später war es dann das Aufkommen der Kraft selbst."[127]

Was in diesem Reading besonders auffällt, ist die Erwähnung des Begriffes "Baalial", der an den biblischen Götzen "Baal" erinnert. Cayce schildert in anderen Readings auch den ständigen Kampf der "Söhne des Einen" bzw. der "Söhne Gottes" und den zerstörerischen "Kräften von Belial". Sollte Cayces Unterbewußtsein hier sein Wissen um die Schilderungen im Alten Testament,

---

[125] Langbein 1997: Das Wissen der Alten.
[126] Wie Fußnote 125.
[127] Reading 450-5.

an die er glaubte, in seine Atlantis-Schilderungen "miteingebaut" haben? Wir werden auf diese und ähnliche Fragen im nächsten Kapitel zurückkommen.

Interessant ist aber auch die Erwähnung eines "Steins", der auch in anderen Readings erwähnt wird und der sowohl positive als auch negative Wirkungen hervorrufen konnte. Nicht minder faszinierend mutet die Erwähnung der Möglichkeit zur "Verjüngung" des Körpers an.

"Die ENTITY war in diesen Erfahrungen, vor diese Perioden der zweiten Aufruhr, bzw. bevor das Land in Inseln aufgesplittert wurde, im Atlantischen Land. Die ENTITY war unter jenen des Haushalts des Führers des Einen und kümmerte sich darum und half in den Versuchen, für jene aufbauend zu wirken, die sich von der Gedankenform zu physischen Manifestationen entwickelten, um das Konzept zu gewinnen, aus dem sich ihre Tätigkeiten zu einer Perfektion eines physischen Körpers entwickeln sollte, verlor dabei viel von solchem Zubehör, das als Hindernis für die besseren Tätigkeiten in der Erfahrung gemacht ist. Dann, während des Amtes der Priesterin in dem Tempel des Einen, verlor die ENTITY in den Verbindungen der fleischlichen Einflüsse in Beziehung zu jenen in der gleichen Tätigkeit. Noch gewann die ENTITY durch den größeren Teil der Möglichkeiten, die Wahrheit an andere weiterzugeben."[128]

"Die ENTITY war während dieser größeren Aufruhr in der atlantischen Periode von der ersten bis zum Beginn der zweiten Zerstörung im Land des größeren Teiles des Kontinentes. Die ENTITY war dann unter jenen, die unter den Herrschenden bzw. der höchsten Klasse von Leuten in deren eigenen Sphäre waren; sie gaben viel auf die Darstellung dieser Tätigkeiten und verstanden viel von den Veränderungen, die durch den Wechsel von der Gedankenform zu den verschiedenen Verbindungen mit den materiellen Dingen während jener Periode durchgemacht wurden; durch die Tätigkeiten, die in den Namen angedeutet war, gewann die ENTITY, als es den Frieden und die Harmonie für jene brachte, die sich in dieser Erfahrung mehr an das im Einklang stehen mit geistigen Tätigkeiten als zu den fleischlichen Kräften gehalten haben, die durch die Materialisierung der Gefühle aus den geistigen Aspekten Kräfte gebracht wurden."[129]

"Vorher fanden wir dies in der Periode der höchsten Zivilisation des Landes, als die Herrschenden die Zerstörung brachte. Die ENTITY, die unter ihnen in hoher Stellung war, verlor in dieser Zeitspanne. In der Gegenwart ist das Vo-

[128] Reading 444-1.
[129] Reading 268-3.

rantreiben dieser Schrecken der Machteinflüsse in den Händen der Unwürdigen."[130]

"Im neueren Teil von Atlantis gab es die Bestimmung, Kräfte wieder in Bewegung zu bringen, wie sie waren – natürlich in ihrer Schatzkammer – zum Wiederauffüllen dieser Dinge – das Dahinsiechen in den Bergen, dann in den Tälern, dann in den Seen selbst, und das schnelle Auflösen des Landes sowie der Leute – die gerettet wurden und in jene entfernten Länder entkamen. 10.700 Jahre, bevor der Prinz des Friedens kam."[131]

"Vorher fanden wir, daß die ENTITY während dieser Perioden, in denen es dort das Wissen gab – durch die Lehrer oder Führer des Gesetzes des Einen – im Atlantischen Land war – als es zur Zerstörung des Poseidonischen Landes kam."[132]

Mit dieser Zerstörung kann Cayce nur die letzte gemeint haben, denn Poseidia soll die letzte verbliebene Insel des einstigen Kontinentes gewesen sein.

Was die Datierung der verschiedenen Zerstörungen anbelangt, so kann ich in den Readings nur dürftige Angaben erkennen, und auch die verschiedenen Autoren, die sich mit Edgar Cayce und seiner Atlantis-Version beschäftigen, sind sich hier offensichtlich nicht einig. So schreibt Jess Stearn: "Cayce nannte drei Untergangsperioden, die ersten beiden etwa 15600 v. Chr., als sich das Hauptland in Inseln spaltete, und die letzte 10000 v. Chr., als eine Gruppe von drei großen Inseln zusammen mit mehreren kleinen über Nacht verschlungen wurde, wie auch Platon andeutete."[133] Edgar Cayce-Evans und seine Co-Autoren weichen in ihren Datierungen etwas von Stearns Angaben ab. Sie schreiben: Cayce erzählt von den drei wichtigsten Zeiträumen, in denen Katastrophen wie Vulkanausbrüche, Erdbeben, Flutwellen und das Sinken des Landes stattfanden, und zwar zwischen 50000 und 10000 v. Chr.

Die erste Zerstörung fand um etwa 50000 v. Chr. statt, und in der Folge wurde ein Teil des Kontinentes zerstört.

Die zweite Zerstörung fand um 28000 v. Chr. statt, und nun wurde das restliche Land in zwei Inseln gespalten.

Die endgültige Zerstörung fand um 10000 v. Chr. statt, als die letzten Inseln versanken. (Das ist zweifellos die Zerstörung, auf die Plato sich bezog.)[134]

---

[130] Reading 2889-1.
[131] Reading 364-4.
[132] Reading 1486-1.
[133] Zitiert aus: Stearn 1967, S.238.
[134] Zitiert aus: Cayce Evans / Cayce-Schwartzer und Richards 1990, S. 56.

Was die letzte Datierung betrifft, so beziehen sich die genannten Autoren auf das Reading Nr. 288/1 vom 1. November 1923. Dort heißt es: *"In einer vergangenen Inkarnation war diese Entität in dem schönen Land Alta oder richtiger Poseidia... und zwar im Haushalt des Herrschers dieses Landes...Das war fast 10.000 Jahre, bevor der Prinz des Friedens kam."*[135]

Dies läßt tatsächlich darauf schließen, daß die dritte Zerstörung erst *nach* 10000 v. Chr. stattgefunden haben kann, und da kommen wir tatsächlich dem von Muck errechneten Datum sehr nahe. Was die zweite Zerstörung anbelangt, wird das Zerstörungsjahr eigentlich klar genannt, bezüglich des ersten konnte ich keine brauchbaren Angaben finden. Hören wir in entsprechende Readings hinein:

"...In der Zeitspanne dann, einige hundert, einige 98.000 Jahre vor dem Eintritt des Ram nach Indien, lebte im Land von Atlantis ein Amilus."[136]

"Die Variationen (Veränderungen in der Erde), dehnten sich, wie wir finden, über eine Periode von einigen 200.000 Jahren aus, das ist – in Lichtjahren – wie heute bekannt – und es gab viele Veränderungen in der Oberfläche, dessen, was wir heute die "Erde" nennen. "[137]

"Der zweite der Ausbrüche, 22.600 Jahre vor dem Prinz des Friedens, wie heute gezählt wird, oder Lichtjahre oder Tag- und Nachtjahre. "[138]

"'Frage: Was war das Datum der ersten Zerstörung, bestimmt mit unserer gegenwärtigen Zählsystem in Jahren v. Chr.'?

'Antwort: 7.500 Jahre vor der letzten Zerstörung, die als uns gegeben, kam.'"[139]

Demnach hätte also die erste Zerstörung nach der zweiten stattgefunden? Oder ist mit den 22.600 Jahren ein anderes Zählsystem gemeint?

"Die Periode, wie man zählen würde, war 1158 bis 1012 v. Chr.; in einer Periode, als viele jener, die in die Tätigkeiten des Atlanter-, Lemuria- und Og-Zeitalters eintraten, in dieser Periode oder diesem Zyklus in den Angelegenheiten des Menschen. Für sie hat eine Periode immer 58 Jahre gedauert, ein Zyklus Einheit, Alter, Jahr; Periode oder Epoche, als es das Brüten gab, als es Unfriede gab. "[140]

---

135 Wie Fußnote 134.
136 Aus dem Reading 364-3.
137 Reading 364-4.
138 Reading 364-11.
139 Reading 364-11.
140 Reading 294-183.

"Die ENTITY war im Atlantischen Land, als es das erste Aufbrechen gab – das war vor der 10.500er Zeitspanne, und die Zeit wurde aufgrund des vollen Bewußtseins von lediglich diesen Dingen, bezüglich der Gruppen oder des Einzelnen, die Einleitung oder das Erkennen für das Zusammengehen als Familie, in jenen Tagen kaum gezählt. Dort war die ENTITY unter jenen Leuten, die sich Bräuche und Ordnungsregeln aufstellten, die durch jene angenommen wurde, denen die Tätigkeit gegeben worden ist, um sie den Leuten zu jener Zeit vorzustellen. "[141]

Man muß sich nun natürlich fragen, warum Edgar Cayce in manchen Dingen Erstaunliches zu berichten wußte – Dinge, die sich auch zu bestätigen scheinen. Obwohl er sich im Wachzustand nicht für Plato und Atlantis interessierte, kam er dem wahrscheinlichen Untergangstermin ziemlich nahe. Cayce sagte Funde im Bimini/Bahama-Gebiet voraus, und er stimmte – wie wir in Kapitel drei bereits festgestellt haben – bezüglich des Alters des wahrscheinlichen Alters der Großen Pyramide und der Sphinx nicht nur mit alten arabischen Überlieferungen überein, sondern er wird durch moderne Forschungen noch bestätigt! Seine Behauptung, im alten Atlantis habe es Strom gegeben, findet ebenso nicht nur in Überlieferungen, sondern in zeitgemäßen Forschungen eine Übereinstimmung.

Andererseits spricht Cayce (im Gegensatz zu Plato) von drei Zerstörungen, wobei sich die Zeitangaben der ersten beiden recht verworren anhören, er gebraucht Begriffe wie "Mu" und "Lemuria", und er spricht von einem Kontinent, der den ganzen Atlantik ausgefüllt haben soll. Gerade letzteres muß stark in Zweifel gezogen werden, da es aufgrund der Kontinentaldrift-Theorie keinen Platz für einen solchen Kontinent mit der von Cayce postulierten Ausdehnung gab. Und während die Fakten eindeutig für einen Asteroideneinschlag im Atlantik sprechen, der Atlantis vernichtet hat, spricht Cayce vom Mißbrauch natürlicher Kräfte durch eine degenerierte Gruppe der Menschheit. Für uns wird es nun Zeit, sich mit dem *Menschen* Edgar Cayce zu befassen.

Die Monumental-Statuen auf der Osterinsel. Wer erbaute sie? (Quelle: W.-Jörg Langbein)

[141] Reading 3131-1.

Kapitel 6: Der schlafende Prophet

Wer war Edgar Cayce? ∴ Unglaubliche Heilerfolge ∴ Edgar Cayce und andere Okkultisten ∴ High-Tech auf Atlantis? ∴ Was war seine Quelle? ∴ Erinnerungen an vergangene Leben?

Jess Stearn bezeichnet ihn – und damit steht er ganz gewiß nicht allein – als das begabteste Medium der Neuzeit. In Trance konnte er präzise Aussagen über Menschen und Ereignisse machen, von denen er bei normalem Wachbewußtsein nichts wußte: Edgar Cayce.[142]

Edgar Cayce wurde im Jahr 1877 auf einer Farm nahe Hopkinsville, Kentucky, geboren. Schon in frühem Alter bewies er sein Talent. Er konnte für den Unterricht lernen, indem er auf seinen Büchern schlief. Im Alter von einundzwanzig entwickelte sich eine fortschreitende Lähmung seiner Kehle, die den Verlust seiner Stimme hätte bedeuten können. Die Ärzte konnten die Ursache für seine Erkrankung nicht finden, aber Cayce trat in den gleichen hypnotischen Schlaf ein, der ihm in den Jahren zuvor zum Lernen verhalf, und in diesem Zustand war er in der Lage, ein Heilmittel zu empfehlen, das er mit Erfolg gegen seine Lähmung im Kehlbereich einsetzte. Seine Stimme kam wieder, und bald erkannte der junge Cayce, daß er das gleiche für andere tun konnte.[143]

Gemäß den Aussagen seines Sohnes Edgar Evans Cayce wurde es Edgar Cayce damals erst durch das Aufsuchen eines Hypnotiseurs möglich, in den Trancezustand zu gelangen.

Cayce bemerkte schnell, daß viele Ratsuchenden seine Gabe nur dazu eingesetzt haben wollten, um finanziell möglichst schnell weiterzukommen. Man fragte z.B. nach den Ergebnissen von Pferderennen oder bat um Rat in Bezug auf Börsenspekulationen. Frustriert wandte sich Cayce wieder seinem eigentlichen Beruf – der Photographie – zu.

Beim Explodieren einer mit Blitzlichtpulver gefüllten Büchse wurden Cayces zweitem Sohn, Hugh Lynn, die Augen verätzt. Nur mit einem Reading konnte sein Augenlicht gerettet werden.

Nun hielt Cayce wieder regelmäßig Readings ab. Sie wurden von nun an aber von seiner Frau Gertrude geführt.

---

[142] Stearn 1967.
[143] A.R.E.-Information.

Dabei handelte es sich meist um Körperreadings, hin und wieder übte Cayce jedoch auch Traumdeutung aus oder gab Ratschläge in geschäftlichen Angelegenheiten.

In den frühen zwanziger Jahren kam Cayce in Kontakt mit Arthur Lammers. Lammers wollte von Cayce ein Horoskop bekommen. In den Readings wurde jedoch gesagt, daß die Wirkungen von Sternen und Planeten auf das Leben einer Person bei weitem nicht den Einfluß haben könnten wie das vergangene Leben der Person auf das gegenwärtige. Nun gab Cayce einen Bericht über Lammers frühere Leben.

Es war das erste Lebensreading, das Cayce hielt. Auch die nachfolgenden Lebensreadings befaßten sich mehr mit psychologischen Problemen, und auch die Atlantis-Geschichten stammen aus den Lebensreadings.

Aber nach jenem ersten Lebensreading war Cayce verwirrt. Cayce hatte christliche Wurzeln. Die Reinkarnation wurde ihm niemals gelehrt. Im Wachzustand interessierte er sich nicht für Okkultismus oder für abstrakte Philosophien. Wieso sagte er in Trance solche Dinge?

Mit der Zeit begann Cayce – der nun in Dayton, Ohio, wohnte, wo ihm Lammers eine Wohnung stiftete – zu der Erkenntnis zu gelangen, daß die neuen Lebensreadings einen Wahrheitsgehalt hatten, und er übte sie weiter aus.[144]

Im September 1944 erlitt der Heiler einen Schlaganfall. Edgar Cayce starb am 3. Januar 1945 um 19.15 Uhr in Virginia Beach.[145]

Ich möchte, bevor ich auf das Atlantis-Thema zurückkomme, nun ein Beispiel für Cayces Heilungen anführen:

Am 25. September 1939 bekam Edgar Cayce einen Brief, der wie folgt lautete:

"Sehr geehrter Mr. Cayce,

vor einiger Zeit las ich in der Zeitschrift "Health Culture" über die wunderbare Arbeit, die Sie in den letzten 25 Jahren geleistet haben, indem sie aus Ihrem Unterbewußtsein Krankheiten diagnostizieren. Der Artikel stammte übrigens aus der Feder von Dr. Thomas Garrett aus New York.

Der Bericht war für mich wie ein Hoffnungsstrahl.

Mein Fall ist – in Kürze – folgender:

Seit meiner Ordination zum Priester vor 25 Jahren bin ich in der Jugendarbeit tätig.

---

[144] Edgar Cayce-Evans IN: Cayce-Evans/Cayce-Schwartzer/Richards 1988.

[145] Sugrue 1981.

Vor ca. 15 Jahren erlitt ich einen Anfall, während ich am Altar stand; allem Anschein nach handelte es sich um Epilepsie. Soweit mir bekannt ist, hatte es in unserer Familie noch nie einen Fall von Epilepsie gegeben.

Seit damals hatte ich alle 3-4 Jahre – in allen Fällen (außer einem) während ich am Altar stand – einen solchen Anfall.

Sie können sich wohl vorstellen, daß das Leben unter solchen Umständen sehr schwierig ist; die Unsicherheit, nie zu wissen, wann der nächste Anfall kommen wird, macht es sehr unangenehm. Ich komme mir vor wie ein Gefangener. Jedem Anfall geht ein Zittern der Hände und des ganzen Körpers voraus, das ich nicht unterdrücken oder beherrschen kann. Darauf folgt eine Zeit der Bewußtlosigkeit.

Nun, da ich von Ihrer erstaunlichen Gabe weiß, möchte ich Sie bitten, meinen Fall zu diagnostizieren und zu heilen.

Wollen Sie mich, bitte, wissen lassen, welche Spende ich Ihnen zukommen lassen kann? Ich habe sehr wenig Geld, aber ich will geben, was ich kann.

Der Artikel von Dr. Garrett hat mir soviel Hoffnung gegeben. Würden Sie die Freundlichkeit besitzen, diesen Brief zu beantworten, sobald es Ihnen möglich ist? Über eine baldige Antwort wäre ein Mensch überglücklich, der diese letzten Jahre ständig in Angst lebte.

Ihr ergebener...”

Bereits zwei Tage später erfolgte die Antwort:

“Ihren Brief vom 25. d. M. habe ich empfangen und hoffe aufrichtig, daß ich Ihnen mit Seiner Hilfe dienen kann. Ich bin Ihnen dankbar, daß Sie mir geschrieben haben. Ich vertraue darauf, daß ich Ihnen dienen kann.

Ich möchte nicht, daß Sie mir etwas bezahlen. Ich möchte Sie bitten, das beiliegende Formular auszufüllen oder mir die darin gefragten Informationen zu geben. Wenn Sie etwas beitragen wollten, möchte ich Sie bitten, eine Messe für meinen Freund zu lesen. Er ist ein junger Katholik, der hier wohnt und versucht, seine Gesundheit wiederzugewinnen. Er war Schulgefährte meines Sohnes. Es geht ihm schon besser – langsam aber sicher –, er ist ein netter und befähigter Mann.

Ich sende Ihnen etwas Material über unser Werk, Pater. Ich hoffe, Sie werden Freude beim Lesen haben. Ich bin an Ihrer Meinung sehr interessiert und würde jeden Kommentar von Ihnen schätzen.

Jeden Tag können nur zwei Readings gegeben werden. Für Ihr Reading haben wir den Vormittag des 6. Oktober in der Zeit von 10.30 bis 11.30 Uhr E.S.T (Eastern Standard Time) vorgesehen. Wir möchten Sie bitten – wenn es Ihnen möglich ist –, diese Stunde in Gebetsmeditation zu verbringen. Bitte lassen Sie mich wissen, ob Ihnen diese Zeit angenehm ist.

Ich danke Ihnen und hoffe aufrichtig, Ihnen zu Diensten sein zu können. Mit der Bitte, daß Sie im Gebet meiner gedenken werden, bin ich

Ihr ergebener

(gez.) Edgar Cayce“

Am 30. September schrieb der ratsuchende Priester abermals:

“Sehr geehrter Mr. Cayce!

Heute Morgen erreichte mich Ihr sehr willkommener, herzlicher Brief zusammen mit den beigelegten Readings und Fallgeschichten.

Gott hat sie mit einer erstaunlichen Kraft begabt. Ich wende mich an diese Kraft in der Hoffnung, daß ich durch eine dauerhafte Heilung fähig werden möge, mein ganzes Leben dem Werk zu widmen, den Menschen zu helfen, ein besseres Verständnis Gottes zu erlangen. Dies war 25 Jahre lang meine Aufgabe als Priester in der Jugendmission: zu versuchen, junge Menschen auf den Weg zu Gott zu leiten.

Lassen Sie mich Ihnen meinen aufrichtigen Dank ausdrücken für Ihre Freundlichkeit, mich zu einem außerordentlichen Mitglied Ihrer Association for Research and Enlightment zu ernennen, als welches ich von Beiträgen befreit bin. Sie können sich darauf verlassen, sehr geehrter Mr. Cayce, daß ich für Sie eine Messe lesen werde und dafür bete, daß Gott Ihnen gewähren werde, durch Ihre wirklich wunderbare Fähigkeit, diese Kraft mir und anderen Menschen wieder zu guter Gesundheit und zu einer besseren Erfüllung unseres Lebenszweckes zu verhelfen.

Am Morgen des 6. Oktober werde ich die Zeit von 10.30 Uhr bis 11.30 Uhr E.S.T. in innigem Gebet verbringen. Diese Zeit haben Sie für mein Reading vorgesehen.

Gott segne Sie. Seien Sie meiner aufrichtigen Gebete und meines Glaubens an Ihr großes Werk versichert.

Ihr ergebener...”

Nachfolgend der größte Teil des Readings, das am 6. Oktober 1939 gegeben wurde:

“Ja, wir haben den Körper des...

Wir finden, daß die allgemeinen körperlichen Kräfte in vielerlei Hinsicht sehr gut sind; doch zeitweilig sind da Störungen, die den normalen Reaktionsweisen des Körpers im Wege stehen.

Diese kommen – wie noch aufgezeigt werden wird – unter Bedingungen auf, wenn die physischen Kräfte dieses Körpers unter Spannung stehen; dies gilt notwendigerweise für die Zeit der Weihung.

Es handelt sich hier um eine physische Angelegenheit, die – wie wir finden – beseitigt oder ausgeschaltet werden kann. Auf diese Weise – durch Beseitigung der Ursachen für die Störung aus dem Organismus – wird auch die Notwendigkeit oder der Anlaß zu JEGLICHER Angst, die mit ihr verbunden ist, beseitigt.

Bei früheren Gelegenheiten gab es Zeiten, in denen es zur physischen Erschöpfung der Kräfte mangels eines ausreichenden Nachschubes für den Organismus kam. Das wirkte auf die Gebiete um den Milchbrustgang und Nabelplexus traumatisch, als eine Art Belastung.

Bisher betrifft es noch nicht die Leber, die Milz, oder gar die Tätigkeit der Gallengänge; ohne Beseitigung mag es jedoch eines Tages zu Störungen in diesem Gebiet kommen.

In den Perioden der Tätigkeit, in denen auf Nahrung verzichtet wird, werden die physischen Kräfte des Körpers rückwirkend abgebaut. Dies führt hier zu einer krampfartigen Reaktion der Nerven in diesem Gebiet, welche vom unteren Teil des Solarplexus (Sonnengeflecht) aus eine Reaktion des gesamten sympathischen und zerebrospinalen Zentrums auslöst.

Es besteht also eine Tendenz, die Kontrolle über die Sinneskräfte zu verlieren, denn aus der angegebenen Reaktion resultiert ein Zustand im Bereich des Atlas' (erster Halswirbel) und der Medulla oblongata (verlängertes Rückenmark), der ein Ungleichgewicht der Reflexe zu den Sinneszentren bedeutet.

Dieses bewirkt, wie wir finden, im allgemeinen Ausscheidungssystem die Tendenz zu einer mangelhaften oder ungenügenden Ausscheidung.

Wenn in dieser Beziehung eine bessere Koordination besteht oder bestand, liegt nicht so eine große Spannung um diese Störung im rechten Teil des Oberbauches – wie angezeigt wurde – im Bereich des Nabel- und Milchbrustgangzentrums. Bei der Untersuchung würden wir hier eine KALTE Stelle finden.

Anwendungen, die Ursachen zu beseitigen, sind:

Wir würden zwei Abende hintereinander schwere Rizinusölumschläge anwenden. Erforderlich sind zumindest drei Lagen weichen Flanells, der in Rizinusöl getaucht wurde, der so heiß ist, wie es der Körper gerade noch vertragen kann. Der ölgetränkte Flanell wird dann über den unteren Teil der Leber, die Gallenblase und den Blinddarm bis hinüber zum Nabelzentrum gelegt. Die

Packung soll bei jeder Anwendung eine Stunde liegen bleiben, wobei sie zwischendurch durch zwei- bis dreimaliges, erneutes Eintauchen in das heiße Rizinusöl heiß gehalten wird.

Nach den beiden Tagen der Rizinusumschläge würden wir dann mit den osteopathischen Einrenkungen beginnen; besondere Aufmerksamkeit sollte hierbei einer Subluxation (teilweise Verrenkung) gewidmet werden, die man im Bereich unter dem neunten Brustwirbel – beim Zentrum 9.-11. Brustwirbel – finden wird. Die Torsionmanipulation (Drehbewegung) der osteopathischen Behandlung) um die Achse der Lendenwirbelsäule soll mit einer Behandlung der oberen Brust- und der Halswirbelsäule verbunden werden.

Mehr als sechs Manipulationen sollten nicht erforderlich sein, um die Sache ins Lot zu bringen.

Zwei Rizinusölpackungen sollten genügen. Wenn sich bei der Manipulation durch den Osteopathen jedoch herausstellt, daß die kalte Stelle NICHT entspannt oder beseitigt ist, sollte man wieder zur Packung greifen.

Achte auf gute Ausscheidung; der Verdauungskanal sollte jeden Tag völlig entleert werden.

Wenn es nötig ist, mag ein pflanzliches Präparat als Laxans (Abführmittel) Verwendung finden, zum Beispiel...oder ein Mittel auf Sennesgrundlage.

Ist dies alles ausgeführt, wie angegeben wurde, wird die Ursache der Störung ausgelöscht sein und bessere, normale Reaktionen der physischen Kräfte des Körpers wiederkehren.

Bewahre dir deine Einstellung, anderen zu helfen. Das heißt, Ziel, Bestimmung, Wunsch und Herzens des Wesens zu dienen.

Für dieses Mal sind wir durch.”

Am 9. Oktober schrieb Edgar Cayce an den Priester:

“Sehr geehrter...!

Ich hoffe, Sie finden die Informationen interessant und die vorgeschlagenen Behandlungen hilfreich, wie es schon so viele Hunderte im Laufe der Jahre gefunden haben. Ich weiß nicht, wie ich Ihnen für Ihren Brief danken soll. Sie können sicher sein, daß Sie dem jungen Mann hier eine Freude bereitet haben, wie auch mir selbst. Wir können nur hoffen, daß Ihre Erfahrung mit den Informationen des Readings so hilfreich sein wird wie die unseren bisher.

Ich freue mich darauf, wieder von Ihnen zu hören. Dankend und im Vertrauen, Ihnen eine Hilfe gewesen zu sein, verbleibe ich

Ihr ergebener

Edgar Cayce“

Und tatsächlich berichtete der Ratsuchende zwei Tage später, daß er die Ratschläge anwende.

“Sehr geehrter Mr. Cayce!

Ihr Reading mit den Vorschlägen zur Heilung, wie auch Ihr persönlicher Brief erreichten mich heute, Dank Gottes und derer, durch die Er wirkt, bin ich – nach all diesen Jahren – durch Ihre Hilfe an die Wurzeln meiner Schwierigkeiten gelangt und wende die angegebenen Maßnahmen an.

Die osteopathischen Behandlungen bekomme ich hier in....

Ich bin nur in der Verlegenheit, daß ich nicht weiß, wie ich die Rizinusölpackungen handhaben soll. Sie sollten von jemandem aufgelegt werden, der wissenschaftliche Kenntnisse von den Gebieten des Körpers hat, die in Ihrem Reading Erwähnung fanden. Hier zu einem Arzt zu gehen, der Ihre wirklich erstaunliche Kraft nicht kennt oder versteht, hieße, eine Zurückweisung zu erhalten.

Wenn Sie jemanden empfehlen könnten, der die erwähnten Packungen wissenschaftlich genau anwenden kann, ohne daß sich für mich die Notwendigkeit ergibt, einen Arzt aufzusuchen, wäre dies in der Tat die Lösung meines Problems. Ich bin so sehr darauf aus, die Behandlung sogleich zu beginnen.

Heute früh las ich eine Messe für Ihren guten Freund. Morgen werde ich eine Messe für Sie lesen, daß Gott Ihnen viele Jahre gewähren werde, in denen Sie zu Nutzen und Hilfe der Menschheit wirken können.

Ich möchte Ihnen abermals danken für Ihre große Freundlichkeit mir gegenüber. Ich werde Sie nie vergessen.

Ihr ergebener...”

Edgar Cayce antwortete am 14. Oktober.

“Sehr geehrter...!

Danke für Ihren Brief vom Elften. Lassen Sie mich Ihnen schreiben, wie sehr mein Freund sich freut, daß Sie die Messe für ihn lesen. Ich danke Ihnen auch, daß Sie meiner gedacht haben.

Glauben Sie nicht, daß Sie sich wegen der Rizinusölpackungen beunruhigt zu fühlen brauchen. Sie können Sie ebenso wissenschaftlich genau auflegen und anwenden wie jeder andere auch. Tun Sie folgendes: Nehmen Sie zuerst ein großes Stück Flanell, beispielsweise ein Teil eines Tuches. Es sollte groß genug sein, um – in drei Lagen gefaltet – das Gebiet zwischen Ihren unteren rechten Rippen und dem Hüftknochen der gleichen Seite bis hin zur Mitte des

Bauches und auf der Rückseite bis zur Wirbelsäule zu bedecken. Erhitzen Sie genügend Öl so, daß Sie das gefaltete Tuch damit tränken und wieder etwas auswringen können. Wenn das Öl sehr warm wird, ist es trüb. Wenn Sie das Tuch in Öl getränkt haben, legen Sie es direkt auf den Körper. Nehmen Sie dann andere Tücher und ein Stück Wachstuch – was Sie vorher zurechtgelegt haben –, um die Flanellagen zuzudecken, damit die Betttücher nicht verdorben werden. Legen Sie die Packung so heiß auf, wie Sie es gerade noch vertragen können. Dann schalten Sie Ihr Heizkissen an und bleiben Sie für die angegebene Zeitdauer still liegen. Ich bin sicher, daß Sie das tun können.

Wo bisher diese Behandlung empfohlen wurde, hat sie sich als höchst wirksam erwiesen; ich bin sicher, das wird sich auch bei Ihnen zeigen. Wenn Sie fertig sind und die Ölpackungen abgenommen haben, dann waschen Sie das Gebiet, das damit bedeckt war, mit einem, Schwamm und etwas warmem Sodawasser ab. Das reinigt ganz gut.

Wenn ich nicht ausführlich genug gewesen bin, dann zögern Sie bitte nicht, mich wieder zu fragen.

Sie wissen, daß ich sehr daran interessiert bin, wie Sie mit dem Osteopathen klarkommen.

Wenn er Referenzen wünscht, können wir ihm sehr viele aus allen Teilen des Landes geben.

Noch einmal herzlichen Dank. Ich hoffe, daß ich in Seinem Namen Ihnen eine Hilfe gereicht habe.

Ihr ergebener

Edgar Cayce“

“Sehr geehrter Mr. Cayce”, schrieb der Priester am 18. Dezember zurück. “Ich bin so glücklich, Ihnen heute berichten zu können, daß ich die in Ihrem Reading für meinen Fall angegebenen Behandlungen genommen habe. Heute gehe ich zur sechsten und letzten osteopathischen Behandlung. Der Osteopath hält einige weitere Einrenkungen für nötig, um meinen Körper zum völligen Normalzustand zurückzubringen.

Dies sind meine Weihnachtswünsche für Sie: Möge Gott Sie noch viele weitere Jahre erhalten, daß Sie mit Ihrem guten Werk fortfahren können. Ich bin Ihnen für Ihre Freundlichkeit zutiefst dankbar. Wenn ich Ihren Brief (mein Reading) lese – und das tue ich oft –, bin ich zuversichtlich und voll Vertrauen, daß ich nun in der Hoffnung bleiben kann, daß es keine Rückfälle mehr geben wird, die mir jeden Tag meines Lebens zu einem Problem der Unsicherheit werden ließen.

Inzwischen habe ich Ihre lieben Weihnachtsgrüße erhalten. Gott segne Sie mit anhaltender Gesundheit und Kraft. Ich wünsche Ihnen und Ihrer Familie ein frohes Weihnachtsfest und ein glückliches neues Jahr.

Ihr ergebener..."

Dezember 1939: Edgar Cayce schreibt:

"Sehr geehrter...!

Danke für Ihren Brief vom 18. d. M. Das Gefühl, mit dem Vorzug beschenkt worden zu sein, Kanal gewesen sein zu dürfen für die Hilfe, die Ihnen zukam, ist für mich wirklich ein wahres Weihnachten, und ich kann dafür nur demütig Dank sagen. Ich hoffe, Sie haben genügend Ölpackungen genommen um die Adhäsionen zu lösen, die als Ursache der Beschwerden beschrieben wurden. Ist das einmal erreicht, gehen die osteopathischen Behandlungen leichter und hilfreicher von der Hand.

Ich lege zwei Arbeiten meines Freundes bei. Er ist noch bei uns und freut sich sehr darauf, daß morgen seine Frau und das Baby hierher kommen, um über die Weihnachtstage bei ihm zu sein. Um genau zu sein: Er ist sehr glücklich darüber. Langsam aber sicher geht es ihm besser, und wenn es Sein Wille ist, wird dies so weitergehen, bis er wieder bei normaler Gesundheit ist. Er kann durch seine Arbeit so viele Menschen glücklich machen.

Ich danke Ihnen für Ihre Gebete und den Segen und wünsche Ihnen, daß Ihnen alles Wahre und Gute beschieden sei.

Ihr ergebener Edgar Cayce"

Zusammen mit einem von Edgar Cayce angeforderten Bericht erreichte diesen am 28. April 1941 folgender Brief:

"Sehr geehrter Mr. Cayce!

Soeben habe ich Ihren Brief erhalten. Erlauben Sie mir gleich zu Beginn die Feststellung, daß ich sicher bin, daß meine Heilung von Dauer ist. Zu sagen, daß ich Ihnen dankbar bin, hieße, nur einem Teil meiner Gefühle Ausdruck zu geben. Täglich bete ich für Sie, daß Gott Ihr Leben viele Jahre verlängern möge, in denen Sie weiterhin der Menschheit dienen können.

Ich habe hauptsächlich aus zwei Gründen in der Zwischenzeit nicht geschrieben. Erstens wollte ich es dem Faktoren Zeit überlassen, zu beweisen, daß meine Heilung eine dauerhafte ist. Zweitens war ich in der Kriegsarbeit beschäftigt, was sehr häufig die Möglichkeit der Korrespondenz ausschloß.

Es muß Ihnen eine ständige Quelle der Freude und beglückenden Zufriedenheit sein zu wissen, daß Sie soviel Gutes für die Menschheit tun. Lassen Sie mich Ihnen sagen, daß ich Ihre Freundlichkeit mir gegenüber nie vergessen werde. Möge Gott Sie allezeit segnen!

Ihr ergebener..."

Nachfolgend der Bericht:

"Datum des Readings: 06.10.1939 – Fall Nr. 2016

- Bitte beantworten Sie die folgenden Fragen gewissenhaft -

1. Stimmte Ihrer Meinung nach die Analyse des Readings mit der Situation überein?

ANTWORT: Ja

2. Geben Sie Symptome des beschriebenen Zustandes an:

ANTWORT: Anfälle über einen Zeitraum von neun Jahren. Diese Anfälle sahen aus wie Epilepsie. Im o.a. Zeitraum ereigneten sie sich ca. alle 2½ Jahre.

3. Wie lautete die ärztliche Analyse des Zustandes?

ANTWORT: Anfälle haben allen Anschein der Epilepsie.

4. Wurden die in dem Reading gemachten Vorschläge genauso ausgeführt, wie es angegeben war?

ANTWORT: Ja.

5. Wie lange?

ANTWORT: Wie im Reading angegeben.

6. Und in welchem Umfange erfolgte Besserung des Zustandes?

ANTWORT: Vollständige Heilung, soweit ich das nach einem Zeitraum von zwei Jahren beurteilen kann.

7. Anmerkungen:

ANTWORT: Ich möchte Mr. Cayce meine tiefempfundene Dankbarkeit bekunden.

(gez.)..."[146]

Soweit also nur ein Beispiel von vielen. Die Heilung körperlicher Erkrankungen waren also das Hauptanliegen Cayces. Aber – wie gesagt – führte er, seit er mit Mr. Lammers in Kontakt war, auch die Lebensreadings durch, in denen Atlantis erwähnt wird.

Atlantis wird auch von anderen Okkultisten und Theosophen erwähnt. So erwähnt auch Helena P. Blavatsky, die Gründerin der Theosophie, Atlantis in ihrem Buch "Die Geheimlehre". Gemäß Frau Blavatsky und anderer Theoso-

---

[146] Sugrue 1981, S. 384ff.

phen gab es sieben “Wurzelrassen”, die nacheinander auftraten. Die erste Wurzelrasse sei die Polarrasse gewesen, die nur in der Form von Astralkörpern existierte. Die zweite Wurzelrasse – die der Hyperboräer – soll sich in dem arktischen Kontinent “Hyperboräa” aufgehalten haben. Diese Menschen sollen bereits physische Körper besessen haben, seien aber noch stark an den psychischen Körper gebunden gewesen. Mit bloßem Auge seien sie nicht zu sehen gewesen. Für die dritte Wurzelrasse wurde auch wieder der Begriff “Lemurier” verwendet. Der lemurische Mensch wurde eher als ein Tier bezeichnet, das die Menschlichkeit erst noch erreichen mußte. Dem Theosophen W. Scott Elliott zufolge hatten die frühen Lemurier gelatineartige Körper, und diese verfestigen sich erst gegen Ende der Lemurischen Periode. Diese Spät-Lemurier sollen vier bis fünf Meter groß und Wesen ohne Stirn und mit weit voneinander getrennten Augen gewesen sein. Dadurch hätten Sie sogar nach hinten sehen können, und ein Auge am Hinterkopf komplettierte das Bild. Viele seien in ihrer Erscheinung bereits menschlich gewesen. Die Atlanter seien endlich die vierte Wurzelrasse gewesen. Hierüber berichtet Scott-Elliot, der seine Informationen auf medialem Wege erhalten haben will, in seinen Büchern “Die Geschichte von Atlantis“ (1896) und “Die Geschichte von Atlantis und das verlorene Lemuria“ (1925).

Scott-Elliots Atlantis-Geschichte zieht sich über fünf Millionen Jahre hin, in denen gleich vier große Zerstörungen stattgefunden haben sollen. Die erste Katastrophe soll bereits vor 800.000 Jahren stattgefunden haben. Zuvor soll Atlantis den größten Teil des Atlantischen Ozeans eingenommen haben. Der größte Teil von Atlantis verschwand Scott-Elliot zufolge vor etwa 200.000 Jahren im Atlantik. Lediglich zwei große Inseln blieben übrig, die Bahamas waren jedoch kein Teil des theosophischen Atlantis. Vor 80.000 Jahren habe die dritte Zerstörung stattgefunden, die nur das auf dem Azorenplateau liegende Poseidia übrig ließ. Die vierte und endgültige Zerstörung habe im Jahre 9564 v. Chr. stattgefunden.

Interessant ist hierbei, daß – während der größte Teil des theosophischen Gebäudes sich wie Hirngespinste anhört – die Angaben über “Poseidia“ sehr nahe an die Ergebnisse seriöser Forscher, wie z.B. Muck herankommen. Sollten die Informationen, die ein Medium erhält, ungenauer werden, je weiter sie in der Zeit zurückführen?

Edgar Cayce weicht, wie wir gesehen haben und noch sehen werden, weit von der theosophischen Linie ab. So wird der Ausdruck “Wurzelrasse” von Cayce in einem ganz anderen Zusammenhang verwendet. Er weiß von fünf verschiedenen “Wurzelrassen” (menschlichen Rassen), die in etwa gleichzeitig in fünf verschiedenen Teilen der Erde erschienen. Im Gegensatz zu den Theosophen weiß auch Cayce nichts über "Atlantische Unterrassen" zu berichten. Aber auch Cayce verwendete theosophische Ausdrücke. Auch er spricht von "Mu" und "Lemuria". Und wie die Okkultisten spricht Cayce von einer fortgeschrittenen Technologie – beispielsweise von Flugmaschinen – der Atlanter.[147] Und davon wußte Cayce eine ganze Menge zu berichten.

"Als die Leute ein friedliches Volk waren, nahm ihre Entwicklung – mit der Entwicklung der physischen materiellen Körper – durch die schnelle Entwicklung oder die Verwendung der Elemente um sie herum zu ihrem eigenen Nutzen eine andere Form an, und sie erinnerten sich, daß sie selbst ein Teil desselben sind. Also, um das zu liefern, was benötigt wird, um das physische Leben, wie wir es heute kennen – also Kleidung und Bedarf der körperlichen Notwendigkeiten – zu erhalten, waren sie durch natürliche Elemente versorgt, und die Entwicklung kam mehr in den Formen – wie es in der heutigen Zeit verstanden wird – vom Vorbereiten jener Dinge, die zu dem, was wir das Luftzeitalter oder das elektrische Zeitalter nennen würden, gehörten und um dann die Erscheinungsformen und Arten der Umwandlung dieser Materie um uns selbst zu liefern; selbst wenn diese nicht zu ihrem eigenen Körper gehörte, wurde sie von ihnen selbst versetzt, besser gesagt, durch diese Möglichkeiten, die innerhalb eines jeden liegen, um sich sowohl in Gedanken als auch in den Körper zu versetzen."[148]

"In diesen Dingen wandte Amilus, siehe das Beginnen desselben, die Möglichkeiten dieses seines eigenen Zeitalters oder der Periode an, in der man sich nicht nur darauf verlassen konnte, die Elemente um sich herum umwandeln zu können, sondern in der man sich körperlich von einem Teil des Universums in den anderen versetzen konnte – durch die Verwendung nicht nur jener kürzlich wiederentdeckten Gase und der Elektro- und Luftformation – sowie im Zerfall der Atomkräfte vorantreibende Kräfte zu produzieren, die von solcher Bedeutung und Art und Transposition sowohl zum Reisen als auch vom Heben großer Gewichte oder vom Verändern des Gesichtes der Naturkräfte selbst waren."[149]

Wird hier in laienhafter Weise die Möglichkeit zur Weltraumfahrt geschildert?

"Im späteren Teil von Atlantis wurden nach und nach Städte gebaut. Immer mehr wurden jene Fähigkeiten – die Naturkräfte betreffend – gerufen, um für

---

[147] Cayce-Evans/Cayce/Schwartzer/Richards 1988.

[148] Reading 364-4; soweit nicht anders erwähnt wurden die Readings der Internet-Seite "http://wrldnet.net/~bluapple/atl.htm" entnommen.

[149] Reading 364-4.

den Körperschmuck oder das Auffüllen dessen, was bei einem körperlichen Wesen dahinschwindet, zu sorgen."[150]

"'Frage: Beschreiben Sie eines der Luftschiffe, die während der höchsten Periode der mechanischen Entwicklung in Atlantis verwendet wurde.'

'Antwort: Im früheren Teil wurde viel aus der Natur, wo z.B. die Verstecke der Dickhäuter oder Elefanten waren, manches in den Gasbehältern für zweierlei verwandt: sowohl für das Heben als auch zum Vorantreiben der Schiffe über die verschiedenen Teile des Kontinentes bis ins Ausland. Das bot, wie gesehen werden kann, nicht nur die Möglichkeit, das, was Luft genannt wird, zu passieren, oder – und das war schwieriger – das Wasser – als sie den Anstoß in bezug auf die Notwendigkeit in dieser besonderen Periode für die Sicherheit desselben erhielten. Die Form und Kontur in den frühen Teilen hängt davon ab, was oder welches Ölzeug für die Behälter verwendet wurde. Die Metalle, die als Streben verwendet wurden, waren dann die Verbindungen von dem, was eine jetzt verlorene Art ist – temperiertes Messing und die Art von dem, was die Eigenschaften zwischen Aluminium (wie es heute genannt wird) und dem von Uranium annimmt, wird mit jenen Flußmitteln aus dieser Eisenverbindung mit jenen anderer Flußmitteln karbonisiert – sehen Sie? Diese für das Erleuchten von Strukturen gemachte Nichtleiter oder Leiter der elektrischen Kräfte werden verwendet, um das gleiche besser als durch die Gase voranzutreiben, die für das Heben verwendet wurden. Sehen Sie? Deswegen können die Naturkräfte zu genau den Kräften, die das Leben bringen, das den Elementen von den Sonnenstrahlen gegeben wurde, zu den Strahlen selbst, umgelenkt werden oder eine entsprechende Reaktion in der Anwendung desselben finden – oder eine unterschiedliche oder veränderte Form der Kraftspeicherung, die in der Gegenwart Elektrizität genannt wird.'"[151]

Wird hier von Luftschiffen gesprochen, die gleichzeitig als U-Boote fungierten?

"So wurde während des Zeitalters der Zerstörung durch die gewaltigen Tiere der große Kongreß abgehalten. In dem Zeitalter, in dem das notwendig wurde, hat sich das Bewußtsein in den Köpfen von Gruppen in verschiedenen Teilen der Erde oft in der Weise ausgebildet, wie es oft in einer Allerwelts-Rundfunksendung in der Gegenwart bezüglich eine Bedrohung in einem einzigen bestimmten Punkt oder in einigen besonderen Punkten dargestellt wird. Die Versammlung jener, die geachtet war, traf sich, wie sich wissenschaftliche Kapazitäten in der heutigen Zeit treffen. Sie trafen sich, um sich einen

150 Reading 364-4.
151 Reading 364-6.

Weg auszudenken, die Bedrohung zu beseitigen. Die Art, auf die sich diese versammelten, die sehr ähnlich dem Grafen (hier wird oft eine Anspielung auf Graf Zeppelin vermutet) war, war jene zu versammeln, die in dieser Anstrengung zusammenarbeiten wollten. Die ausgeklügelten Wege waren von solcher Art, daß sie die Umweltbedingungen der großen Tiere, die diese brauchten, verändern oder deren Nahrung in den betreffenden Teilen der Erde wegnehmen würden. Dies wurde z.B. durch das Aussenden von "Todesstrahlen" zu verschiedenen zentralen Anlagen bzw. der superkosmischen Strahlen von der Stratosphäre aus durchgeführt. Diese mußten über die variierenden Bedingungen, die in den verschiedenen Teilen des Landes, das durch den Menschen beherrscht war, durchgeführt werden."[152]

"Die ENTITY war während jener Zeitspanne, in der es viel Aufruhr und Unmut durch die Zurückweisung vieler der Gesetze und Lehrsätze des Einen gab, in dem Land, das heute das Atlantische genannt wird; als die Aufruhr begann, die diesen Auszug aus der Stadt im Poseidon-Land oder in Poseidia verursachten – war die ENTITY unter jenen, die dort in der Lagerung waren, als es die in der Natur begründeten Kräfte aus dem Großen Kristall gab, der das Licht – für die Menschheit zur Übermittlung des Körpers wie in der Übermittlung der Stimmen, sowie im Aufzeichnen dieser Tätigkeiten, die bald in der Schaffung der Vibrationen praktikabel sein werden, die benötigt werden, um das Fernsehen zu erzeugen, wie es heute genannt wird – kondensiert. Die ENTITY war dann – in jenem besonderen Zeitalter des Landes – unter den Prinzessinnen, die nicht nur den Leuten auf einer hohen, sondern auch auf einer niedrigen Stufe dienten. Wir finden also diese Aufruhr, die von außen kam, als sich die Stimmen jener gegen die Autoritäten erhoben, die diese Tätigkeiten zu ihrer eigenen Genugtuung kontrollierten, es gab Gerichtsverfahren gegen die ENTITY und jene um dieselbe herum."[153]

"Die ENTITY war verbunden mit jenen, die sich während der Erfahrung mit den mechanischen Vorrichtungen und ihren Anwendungen beschäftigten. Und, wie wir finden, war es eine Zeitspanne, in der es viel gab, an das heute noch nicht einmal gedacht wird."[154]

"In der Nähe des Feuersteins, den es in diesen Erfahrungen gab, machte die ENTITY dann jene Anwendungen, die mit beiden, den konstruktiven und den destruktiven Kräften, in jener Zeitspanne zu tun hatten. Konstruktive und destruktive Kräfte wurden durch die Tätigkeit dieses Steines generiert. In einem Zentrum eines Gebäudes, von dem man heute sagen würde, es sei mit leiten-

[152] Reading 262-39.
[153] Reading 813-1.
[154] Reading 440-5.

dem und nichtleitenden Metallen oder nichtleitendem Gestein ausgekleidet – etwas ähnlich dem Asbest, mit den kombinierten Kräften von Bakeritel oder anderen Nichtleitern, die jetzt in England unter einem Namen, der vielen, die sich mit solchen Dingen beschäftigen, gut bekannt ist, hergestellt werden. Das Gebäude über dem Stein war oval bzw. eine Kuppel, die zurückgerollt werden konnte oder wurde, so daß die Tätigkeit des Steines von den Sonnenstrahlen oder den Sternen empfangen wurde; sie konzentrierten die Energien, die von den Körpern ausgehen, die sich selbst mit den Elementen unter Feuer setzen, die in der Erdatmosphäre gefunden wurden und die nicht gefunden wurden. Die Konzentration durch das Prisma bzw. das Glas, wie es heute genannt würde, war von solcher Art, daß es über die Instrumente, die auf verschiedene Fahrweisen durch Induktions-Methoden mit ihm verbunden waren, das nahm viele Kontrolleigenschaften wie das Remote-Signal durch Radio-Vibrationen oder Richtungen an, wie es in der heutigen Zeit sein würde; obwohl die Art der Kraft durch den Stein angetrieben wurde, funktionierten die Fahrzeuge durch die Antriebskräfte selbständig. Es gab die Vorbereitung, daß die Kuppel ihre Kraft bei wenig oder keiner Behinderung in der Anwendung direkt zu den verschiedenen Fahrzeugen zurück rollte, die durch den Weltraum vorangetrieben worden sind, entweder im Radius des Sehvermögens eines Auges, wie es genannt werden könnte, oder unter Wasser gerichtet oder unter die Elemente oder durch andere Elemente hindurch. Die Vorbereitung dieses Steins lag einzig in den Händen der Eingeweihten dieser Zeit, und die ENTITY war unter jenen, die mit den Einflüssen der Strahlung, die in der Form der Strahlen ankommt zutun hatte, die für das Auge unsichtbar waren, jedoch über den Steinen selbst fungierte, wie in die Antriebskräfte gebracht – ob Luftschiffe, die in jener Zeitspanne durch Gase angetrieben wurden, oder ob Führen der angenehmeren Vehikeln, die nahe der Erde entlang vorbeiziehen konnten, oder was die Fahrzeuge auf dem Wasser und unter dem Wasser genannt wurde. Diese wurden dann durch die Konzentration der Strahlen aus dem Stein angetrieben, der in der Mitte der Kraftstation, oder des Kraftwerks (wie es heute genannt würde), platziert war. Um die Konstruktionsweise des Steins zu beschreiben, finden wir, daß er ein großes zylindrisches Glas (wie wir es heute nennen würden) war, eingeschnitten mit Facetten von solch einer Art, daß der obere Verschlußstein desselben für die Zentralisierung der Macht bzw. der Kraft, die zwischen dem Ende des Zylinders und dem Verschlußstein selbst, konzentriert war, sorgte."[155]

Wird hier die Weltraumfahrt und das Betreiben von U-Booten vor langer, langer Zeit, beschrieben?

---

[155] Reading 440-5.

"Die gleiche Form des Feuers, durch die die Körper der einzelnen regeneriert wurden, das Brennen, durch die Anwendung von Strahlen aus dem Stein, verursachte für die tierischen Organismen zerstörerische Kräfte. Also, der Körper verjüngte sich selbst oft und verblieb im Körper bis zur endgültigen Zerstörung, verband sich mit den Leuten, die für das Aufbrechen des Landes verantwortlich waren – bzw. verband sich mit Baalial (Baal? Belial?) zur endgültigen Zerstörung des Landes. Zuerst war es weder die Absicht, noch der Wunsch nach zerstörerischen Kräften."[156]

"Die Aufzeichnungen bezüglich der Konstruktionsweise des Feuersteins befinden sich in drei Plätzen der Erde, an denen sie heute stehen: In den versunkenen Teilen von Atlantis oder Poseidia, wo ein Teil des Tempels jetzt entdeckt werden könnte, unter dem uralten Schlamm – nahe dem, was heute Bimini ist, in einiger Entfernung von der Küste von Florida. Und in den Tempel-Aufzeichnungen, die in Ägypten waren, wo die ENTITY später in Kooperation mit anderen im Bewahren der Aufzeichnungen agierte, die aus jenem Land kamen, über das sie geherrscht hatten. Die Aufzeichnungen wurden ebenfalls zu dem gebracht, was heute Yukatán bei Amerika ist, wo diese Steine (über die sie so wenig wußten) nun – während der letzten Monate – unverdeckt – sind. In Yukatán gibt es ein Emblem desselben. Laßt uns dies klären, denn es könnte der einfachste Fund sein – denn sie werden in dieses Amerika gebracht worden sein, in diese Vereinigten Staaten. Ein Teil sollte, wie wir finden, zum Pennsylvania State Museum gebracht werden. Ein Teil sollte zu den Aufbewahrungsstätten solcher Funde nach Washington gebracht werden – oder nach Chicago. Die Steine, die vorn auf den Tempel gesetzt sind, zwischen dem Dienst-Tempel und dem äußeren Gerichts-Tempel – oder die Priestertätigkeit, wie sie später dort ankamen (was einen besseren Einblick dessen was gemeint ist geben könnte), die Tätigkeit der Hebräer unter diesen – im Altar, der vor der Tür des Tabernakels stand. Dieser Altar oder Stein, dann in Yukatán, stand zwischen den Tätigkeiten der Priester (denn, natürlich, ist er verglichen mit dem ursprünglichen Gebrauch und Zweck degeneriert, aber er ist der nächste, der gefunden werden könnte)."[157]

"Dort finden wir, daß die Anwendung der elektrischen Kräfte und Wirkungen in den Verbindungen und den Tätigkeiten derselben bezüglich der Metalle besonders waren; nicht nur in bezug auf ihren Standort, sondern auf ihre Art von Tätigkeiten derselben, was zur Verbesserung von einigen und der Entde-

[156] Reading 440-5.
[157] Reading 440-5.

ckung von anderen – oder der Umwandlung desselben in bezug auf und durch diese Einflüsse in jener Erfahrung führte."[158]

"Wir finden die ENTITY dort den Gebrauch der Metalle ausübend, die bekannt sind als Eisen oder die Kombination aus Eisen und Kupfer – die in der Gegenwart schon lange nicht mehr verwendet werden; oder Kupfer, temperiert durch die Verwendung desselben mit ein wenig des Eisens, oder in seiner Gestaltung in solch einer Art und Weise, nach den besten Kräften ebenso gehärtet worden zu sein und für das gleiche viel in der Weise gebraucht zu werden, daß viele dieser Kombinationen in den ägyptischen, den peruanischen und in Teilen der chaldäischen Länder gefunden worden sind – und mehr wird in der indo-chinesischen Stadt noch zu entdecken sein. In den Tätigkeiten war die Anwendung desselben natürlich in einer unterschiedlichen Anordnung als in der Gegenwart. Denn das Wesen des Dynamos oder der Erzeugungen desselben wurden in einer Art und Weise verwendet, in der es dort die direkte Umwandlung zu den Tätigkeiten gab, um vieles in der gleichen Art zu benutzen, (die ENTITY wird in der Studie desselben verstehen) in der Gase, die jetzt als Mittel für Triebkraft verwendet werden oder das als eine Pumpe für die Umwandlung von Zylinderkopfgas zu Benzin und den Auswurf funktioniert, der benutzt wird, um die Kraft zu erzeugen oder für eine Maschine zu produzieren, die das gleiche produziert. Das ist, aus dem gerichteten Stromkreis durch die Aktivität des Verschmelzens von Metallen und der Transmutation, die aus demselben geformt wird und die aktiven Kräfte ebenso dahingehend umlenkt, daß es für das Säubern der abweisenden Kräfte des Erzes in solch einer Weise sorgt, daß die wirkliche Verschmelzung selbst die Ursache eines Wechselstroms wird, zu dem dann eine fortgeschrittene Tätigkeit hinzugefügt worden ist, in der der direkte Strom dann die Energiequelle wird, um diese Verschmelzung der Metalle oder Erze zu produzieren. All diese Tätigkeiten wurden dann Teil dieser elektrischen Kräfte für Metalle und die Tätigkeiten über dasselbe, was verwendet wurde, um sie zu karbonisieren, oder um sie in der Art auszurichten, daß sie magnetische Kräfte bekommen, für die Anwendungen an Teilen des Körpers zum Transmutieren oder dem Verändern des Effektes von Tätigkeiten über die physischen Energien und Kräfte des Körpers; in der Lage, sie selbst zu verwenden als Re-Ionisierung oder Regenerierung der körperlichen Kräfte selbst. Da die wahren Kräfte der körperlichen Funktionen in ihrer Funktion elektrisch sind, ist die genaue Anpassung und Verteilung der angepaßten Kräfte im physischen Körper eine aktive Kraft der niedrig und sehr hoch vibrierenden Kräfte selbst. Also machte die ENTITY dort Anwendungen in dieser Richtung durch; und diese funktionier-

[158] Reading 470-22.

ten über die Einflüsse oder Kräfte von Metallen oder über aktive Prinzipien innerhalb der menschlichen Kräfte selbst. Denn im Inneren des menschlichen Körpers – lebend, nicht tot – lebenden menschlichen Körpern – finden wir jedes Element, jedes Gas, jedes Mineral, jeden Einfluß, der sich außerhalb des Organismus selbst befindet. Denn tatsächlich ist er eins mit dem Ganzen. Denn er ist nicht nur ein Teil dessen, oder demselben ähnlich und in der Lage, jeden Einfluß desselben zu bewältigen oder ihr zu begegnen, sondern es ist unmöglich, in der dritten dimensionalen Kraft oder Einwirkung sich etwas vorzustellen, das nicht ein Teil der Tätigkeit eines physisch lebenden Organismus ist! Also war die Verwendung dessen ein Teil von irgendetwas der ENTITY, wenn es die Vorbereitung für die Reinigung und die Umwandlung des Körpers in der Vorbereitung für die neue Rasse war."[159]

"Die ENTITY war aktiv im Aufzeichnen der Botschaften, dem Lenken dieser Kräfte, die mit dem Gebrauch des Lichtes kamen, das die Strahlen formte, die über die Einwirkungen von draußen zu dem kristallisiert wurden, das wie der Klang aus dem äußeren Reich zum statischen oder individuellen Reiche werden würde. Dies waren nicht nur die Strahlen aus der Sonne, sondern durch die Aspekte der Steine, kristallisiert durch die Hitze innerhalb der Elemente der Erde selbst waren es die Kombinationen aus diesen. Denn es waren diese Gase, diese Einwirkungen, die verwendet wurden als das, was wir heute die Annehmlichkeiten wie Licht, Wärme, Antriebskräfte oder Strahlungstätigkeit, elektrische Kombinationen, die Antriebskräfte von Dampf, Gas und die Gesichter der Annehmlichkeiten nennen."[160]

"Dann war diese ENTITY unter jenen, die versuchten, solche Annehmlichkeiten zu einem Teil der Erfahrung zu machen, die – wie angedeutet – die Erzeuger dessen, waren, was als Essen und Kleidung verwendet wird; denn die Maschinen waren es, die es produzierten – wie wir es heute nennen würden, eher die Maschinen, die als Quellen für das Korrelieren oder Zentralisieren oder Kristallisieren der Tätigkeiten in ihrer genauen Form verwendet wurden."[161]

"Denn die Arten der Beförderung, die Art der Kommunikation durch die Luftschiffe in jenem Zeitabschnitt, waren jene, wie sie Hesekiel zu einer viel späteren Zeit beschreibt."[162]

"Frage: 'Gehen Sie zurück zur Atlantischen Inkarnation, was war der Tuaoi-Stein? Oder welche Form hatte er?'

---

159 Reading 470-22.
160 Reading 877-26.
161 Reading 877-26.
162 Reading 1859-1.

Antwort: 'Er hatte diese Form einer sechsseitigen Figur, in der das Licht erschien, das die Kommunikation zwischen dem Unendlichen und dem Endlichen bedeutet, oder die Weise, an der Sie erkennen, daß es die Kommunikation mit Kräften von außerhalb gab. Später wurde er das Mittel, aus der die Energien ausstrahlten, weil aus dem Zentrum, in dem es die Strahlungstätigkeiten gab, die verschiedenen Übergangsformen oder Reisen in diesem Zeitalter der Tätigkeiten der Atlanter gelenkt wurden. Er war zurechtgemacht wie ein Kristall, doch in einer ganz anderen Gestalt, in der er dort gebraucht wird. Bringe nicht diese beiden durcheinander, denn dort gab es viele unterschiedliche Erzeugnisse. Es war in solchen Zeitspannen, als es das Lenken der Flugzeuge oder die Möglichkeit des Reisens gab; ob diese in jener Zeit durch die Luft oder auf dem Wasser oder unter dem Wasser reisen würden, es war alles das gleiche. Doch die Kraft, aus der diese gelenkt wurden, war in dieser zentralen Kraftstation oder dem Tuaoi-Stein; der der Leitstrahl war, über den es funktionierte. Zu Beginn war er die Quelle, aus der es den spirituellen und mentalen Kontakt gab. Verstehen Sie, dies sind die Nachfolger des Gesetzes – falls es dort dieses Verstehen und das Verständnis dafür gab. Wenn man es als gegeben ansieht, wurde die Basis, das Beginnen der Gesetze, auf jede Art hindurchgetragen. Und das, was zu Beginn kam, um sich im Geist festzulegen, wuchs in der mentalen Manifestation in der Materie; wie diese zentralen Kräfte in den Atlantischen Erfahrungen. Zuerst war es die Möglichkeit und der Grund oder die Art, bei der die Kräfte, die die Zentralisierung als Bekanntmachens der Menschenkinder verursacht haben, und die Kinder Gottes, die die Kräfte und Gewalten lenkten. Die Menschheit wandte schließlich diesen Kanal für zerstörerische Kräfte an, – und es wächst in diese Richtung in der Gegenwart.'"[163]

"Die ENTITY war in Atlantis, als es dort diese Spaltungen und das Aufbrechen des Landes gab, die durch die Tätigkeiten der Kinder des Einen verheißen waren. Die ENTITY war unter jenen, die versuchten, als Führer in das, was Yukatán ist, einzutreten. Und die ENTITY half bei der Gründung des Tempels, wodurch gehofft wurde, wieder zum Auftreten der Kinder des Gesetzes des Einen zurückzuführen, als sie den Orakeln zuhörten, die durch die Steine kamen, die Kristalle, die für die Kommunikation als das, was wir heute Radio nennen, vorbereitet waren."[164]

"Wir fanden die Erfahrungen im Atlantischen Land, als es das Aufbrechen des Landes in die Sektionen und dann die Aufsplitterung in Teile gab. Und in den neueren Teilen der Tätigkeiten war die ENTITY unter jenen, die ins ägyp-

---

[163] Reading 2072-10.
[164] Reading 3253-2.

tische Land abgewandert sind. In der Erfahrung war die ENTITY verbunden mit diesen Tätigkeiten, die heute Kommunikation genannt bzw. als solche bezeichnet werden, in den Möglichkeiten als Aktivitäten von jeder die Natur betreffenden Nachrichten, drahtlos sowie die Möglichkeit, Schiffe zu lenken, die durch die Luft fliegen und sich im Wasser fortbewegen konnten; und jene Einwirkungen oder Kräfte wurden durch die Erzeugung von Lichtprismen und aus dem Zentrum der Kraftquellen, die für solche Lenkungen gemacht sind, gelenkt."[165]

"Die ENTITY war während jener Perioden im Atlantischen Land, als es nach dem zweiten der Ausbrüche des Landes oder des Kontinentes die Versuche gab, die Tätigkeiten und Absichten dieser Leute zu rekonstruieren. Die ENTITY war unter den Söhnen des Gesetzes des Einen, und die Anwendungsmaterialien der ENTITY waren im Gebrauch einiger der Naturkräfte oder Einwirkungen in jenem Element, die in der Gegenwart als elektrische Kräfte oder Elektrizität bekannt sind."[166]

"Die ENTITY war während jener Periode in dem Land, das als Atlantis bekannt ist, als es die Trennung der Geschlechter in männlich und weiblich gab, für die ENTITY begann dann eine Kraft in jenem Zeitalter – und machte für jene ersten zeitliche Behausungen in Häusern, die von eigenartiger Struktur waren, die dem inneren Selbst der ENTITY in der Gegenwart oft als rundes Haus erscheint,..."[167]

"Für die ENTITY dann – im Zentrum über einer Tafel oder eines Papiers –, würden wir beginnen, mit dem Stein als dem Licht der Tätigkeiten im Tempel in der Atlantisch-Poseidischen Ära. Dies könnte der Tuaoi-Stein genannt werden. T-u-a-o-i. Dies wäre ein sechsfacettenartiger Stein von der Höhe als auch der Proportion mit dem Rest des Diagramms, wie angedeutet sein könnte von der Spitze in den Strahlen des weißen Lichtes. "[168]

"Die ENTITY war zu jenen Zeitabschnitten, als es die zweite der Teilungen gab, bzw. als es die Zerstörung des Landes gab, das Poseidia zur verbleibenden Region machen sollte, im Atlantischen Land, in der es die große Tätigkeit der Söhne des Gesetzes des Einen gab. Jene waren die Zeitabschnitte, in denen viel angewandt wurde, was heute entdeckt oder wiederentdeckt wird; in der Anwendung von Kraft zur Erscheinungsform des Transports, sowie der Verwendung der Möglichkeiten der Natur für eine hilfreiche Kraft im Geben größerer Ernten zum Verzehr durch den Einzelnen. In den Perioden, als man

---

[165] Reading 1470-1.
[166] Reading 1861-2.
[167] Reading 2121-2.
[168] Reading 2072-7.

sich stark mit den Gedanken beschäftigte, waren auch Verwendungszwecke von jeglicher Art von der Natur gegeben; wie die hebenden Tätigkeiten, die durch die ENTITY entwickelt wurden, als auch die Anwendungen der defensiven und der offensiven Prinzipien."[169]

"Wir finden uns ein in dem Land, das als das poseidianische oder ein Teil des alten Atlantis bekannt ist. In dieser Zeitspanne fand die ENTITY vieles von dem, was die Mysterien der Natur betraf, in der Anwendung von unsichtbaren Kräften in der Benutzung derselben für das Innewohnen der Menschheit und die physische Wohnung. Also auf vieles von den Rätseln, von den Symbolen und der Symbolik oder dem, was zu den verschiedenen Bewußtseinen einer ENTITY gebracht wurde, bestand die ENTITY oft; sie achtete darauf, daß das, was in der Gegenwart die Chemie oder der chemikalischen Kombinationen sind, keinen Einfluß gewann, der nicht einfach beiseitegeschoben werden konnte."[170]

Man kann sich nun natürlich darüber streiten, ob diese "Readings" mehr Fragen oder Antworten aufwerfen. Denn als allererstes stellt sich einmal die Frage nach der Quelle. Woher hat Edgar Cayce seine gesamten Informationen, die ihm lediglich in Trance zugänglich waren und die sich angeblich auf verborgene Erinnerungen seines Patienten, der "Entität", bezogen? Hat er sich alles aus den Fingern gesogen, ist seine Phantasie mit ihm durchgegangen, entstammen die Informationen aus einem eingekapselten genetischen Erinnerungsstrom, den er aufgrund einer besonderen Begabung anzapfen konnte, oder konnte er tatsächlich auf frühere Leben seiner Patienten zurückblicken?

Ich wies bereits darauf hin, daß manche Trance-Aussagen recht merkwürdig klingen. Atlantis sei in drei Schüben untergegangen, habe ursprünglich beinahe den ganzen Atlantikraum eingenommen. Bei dieser These würden wir ganz sicher mit der Wegenerschen Kontinentaldrift-Theorie Schwierigkeiten bekommen.

In einigen Punkten decken sich Cayces Informationen allerdings auf beeindruckende Weise mit neueren Erkenntnissen. Auffallend ist, daß, speziell die Ägypten-Thematik betreffend, einige Aussagen Cayces bestätigt wurden. Auch nach geologischen Gutachten ist die Sphinx ein vorsintflutliches Bauwerk. Es gibt Hinweise auf Elektrizität im alten Ägypten. Und es gibt Hinweise auf Flugzeuge, auch in der Zeit vor der Sintflut.

Wie Cayce berichten auch arabische Legenden von versteckten Aufzeichnungen in den Pyramiden. Hat Cayce davon gewußt? Dagegen spricht, daß er sich

---

169 Reading 2562-1.

170 Reading 1741-1.

im “Normalzustand” – also außerhalb der Trance – für die Atlantis-Problematik überhaupt nicht interessiert hatte. Hat Cayce also recht?

Auf diese Frage eine Antwort zu geben, ist natürlich ein ganz heißes Eisen. Es ist schwer zu beurteilen, was da in der Trance vorgegangen ist – was überhaupt in Trance vorgeht. Vielleicht hat Cayce doch irgendwelches Wissen, das er irgendwann einmal aufgeschnappt hat, im Trancezustand aufgegriffen, um daraus eine plausible Geschichte zu formen, was aufgrund des geschärften Verstandes in der Trance durchaus möglich ist.

Auch Cayces Sohn merkt an, daß unbewußte Erinnerungen an Material, von dem Cayce gelesen oder gehört hatte, in seinen Kontext mit eingeflossen sein könnten. Edgar Cayce Evans ist sich sogar sicher, daß viele seiner Aussagen, in denen er auf Bibelzitate anspielte, aus dieser Quelle gekommen seien.[171]

Tatsächlich gebraucht Cayce oft Wendungen, die auf seinen Bibelhintergrund zurückzugehen scheinen. Begriffe wie “Tempel“ oder der Hinweis auf “Fluggeräte, wie sie später in der Zeit Hesekiels beschrieben wurden” stützen diese Theorie ebenso wie der Hinweis auf einen beständigen Kampf zwischen “Gut” (Söhne des Gesetzes des Einen) und “Böse” (Söhne des Belial), wobei letzterer Begriff wiederum an den biblischen Götzen “Baal“ erinnert.

Cayce-Evans führt in seinem Buch als weitere Quelle eine tatsächliche hellseherische Beobachtung von Menschen und Ereignissen an, was für die Prophezeiungen ein wichtiger Punkt sein könnte. Aber wenn Cayce auf diese Weise das Unterbewußtsein anderer Menschen “anzapfen” konnte, dann muß dieses Wissen über die Vergangenheit dort tatsächlich gespeichert sein.

Weiter spricht Cayce-Evans von telepathischer Kommunikation zwischen Cayces Bewußtsein und dem anderer Individuen. Diese Qualität hinge von dem Wissen der betreffenden Individuen ab, ob sie nun am Leben oder schon tot seien.

Nun, ich weiß nicht, ob man das Unterbewußtsein Toter anzapfen kann, aber angenommen, Cayce habe tatsächlich das Bewußtsein anderer – lebender – Menschen angezapft, dann könnte sein Unterbewußtsein aus dieser Quelle zu der damaligen Zeit z.T. irrige esoterischen Lehrmeinungen “abgezogen” und in seine Readings mit eingebaut haben.

Eine weitere von Cayce-Evans genannte Quelle ist die geheimnisvolle Akasha-Chronik, das sogenannte “Weltgedächtnis”, in dem alles Wissen bezüglich unserer Welt gespeichert sein soll. Cayce selbst sprach oft von der Akasha-Chronik. Er war der Meinung, es bedürfe einer besonderen Einstimmung, da-

---

171 Cayce/Evans, Cayce-Schwartzer u. D.G. Richards 1978.

rin zu lesen. Sein Sohn interpretiert diese Aussage dahingehend, daß Cayces unbewußte Wahrnehmung sich womöglich in der Zeit bewegen und vergangene Ereignisse ebenso wie zukünftige Wahrscheinlichkeiten sehen konnte.

Charles Berlitz beschreibt ein "philogenetisches Gedächtnis", das in den schweigenden Partien des menschlichen Gehirns eingekapselt sein könnte und das eine Art "Artgedächtnis" darstelle. Die darin enthaltenen Erinnerungen könnten von den eigenen Vorfahren stammen. Berlitz sieht diese These als Alternative zur Reinkarnationstheorie und erklärt damit auch Phänomene wie das spontane Sprechen fremder Sprachen oder Erinnerungen an Ereignisse aus vergangenen Zeiten.[172]

Wir können nicht ausschließen, daß Cayce auf die eine oder andere Weise tatsächlich in die Vergangenheit sehen konnte, auch wenn der Mechanismus, der dazu führt, uns heute nicht geläufig ist. Möglicherweise sah er in einen Nebel, in dem einige Dinge ganz klar zu sehen waren, andere nur undeutlich, und wieder andere wurden möglicherweise konfabuliert. Vielleicht konnte Cayce auch in eine "parallele Gegenwart" sehen. Dort läuft gerade ein Bild ab, das im großen und ganzen unserer eigenen Vergangenheit sehr ähnelt, die jedoch in Einzelheiten durchaus von diesem abweichen kann.

Was die Vielweltentheorie angeht, die das Vorhandensein paralleler Welten postuliert, wurde einst ein sehr interessantes Gedankenexperiment durchgeführt:

Erwin Schrödinger, ein Physiker, der von 1887 bis 1961 lebte, durchdachte ein Experiment, in dem in einem verschlossenen Behälter eine Katze sitzt. Weiter befindet sich im Kasten ein radioaktives Präparat, das mit einer Wahrscheinlichkeit von 50% innerhalb einer Stunde ein Alpha-Teilchen ausstrahlt. Und genau dieses Alpha-Teilchen setzt einen Mechanismus in Gang, der eine Flasche mit Blausäure zerschlägt. Zu Beginn des Experimentes lebt die Katze noch. Aber der Kasten wird verschlossen. Erst nach einer Stunde wird ein Beobachter ihn wieder öffnen. Nun beträgt die Wahrscheinlichkeit, daß ein Alpha-Teilchen ausgesendet worden ist, 50%. Die Wahrscheinlichkeit, daß die Katze tot ist, ist also genauso groß wie die, daß sie noch lebt. Denn wäre der Mechanismus ausgelöst worden, dann wäre die Katze mit Sicherheit durch die freiwerdenden Dämpfe getötet worden. Bevor der Betrachter die Kiste öffnet, weiß er nicht, ob die Katze lebendig oder tot ist. Die Entscheidung fällt erst dann, wenn der Beobachter in den Kasten hineinsieht.

Zieht man die klassische Quantenmechanik zu Rate, dann ist die Katze vor der Beobachtung in einem Zustand lebendig-tot, die Wahrscheinlichkeitswelle

---

[172] Berlitz 1972.

tot oder lebendig hat die Werte 50:50 (in Prozent). Wenn der Beobachter hinschaut, kollabiert die Wahrscheinlichkeitswelle, und *ein* Zustand wird durch den Beobachter Realität.

Verfechter der Vielweltentheorie würden das Experiment dahingehend interpretieren, daß sich die Welt in zwei Welten aufspalte, in eine, in der die Katze lebendig, und in eine andere, in der die Katze tot ist. Der Beobachter würde hier quasi selbst auch gespalten. In einer Welt sieht er die lebendige Katze, in einer anderen sieht er die tote. Natürlich wissen beide Beobachter nichts voneinander.[173]

Ernsthafte Wissenschaftler setzen sich mit dem Gedanken auseinander, ob es möglicherweise tatsächlich mehrere Universen geben könnte. So halten sie es für durchaus denkbar, daß es viele getrennte Universen gibt. Der Urknall war nach dieser Theorie kein einmaliges Erlebnis. Vielmehr hätte die Schaffung von Universen häufiger stattgefunden, und sie fände auch heute noch statt. Nach dieser Theorie ist das Universum tatsächlich keine einzelne Erscheinung, sondern es kommt mehrfach vor.[174]

Moderne Physiker wie Hugh und Everett sind Anhänger der Vielweltentheorie, allerdings halten sie es für kaum wahrscheinlich, daß Wechselwirkungen zwischen den verschiedenen Universen bestehen könnten. Der Autor Francis X. King[175] hält dies – basierend auf seine Nostradamus-Forschungen – jedoch durchaus für wahrscheinlich.

Die Frage, die mit der gesamten Problematik jedoch unumgänglich verbunden ist, ist die, ob Cayce tatsächlich in vergangene Leben seiner Klienten sehen konnte, respektive ob die These der Reinkarnation – für die sich Berlitz die Mühe macht, eine alternative These zu beschreiben, die nicht weniger phantastisch anmutet – tatsächlich möglich ist. Hat Cayce Erinnerungen seiner Klienten an vergangene Leben angezapft, und erinnert sich Marie-Luise Kaiser unbewußt an ein früheres Leben auf Atlantis? Haben wir alle schon einmal gelebt? Das sind Fragen, die wir im nächsten Kapitel aufgreifen müssen.

---

173 Siehe Keller 1996.
174 Siehe Keller 1996.
175 King 1994.

Kapitel 7: Reinkarnation

Haben wir alle schon einmal gelebt? ∴ Die Therapien des Dr. Raymond Moody ∴ Die Bibel lehrt die Reinkarnation ∴ Berichte von früheren Leben werden verifiziert ∴ Der Gedanke des Karma ∴ Lebte Shirley Mac Laine auf Atlantis?

Vor einigen Jahren sah ich einen Spielfilm, der mich sehr beeindruckte. Es war der Film "Tod auf Bali". In diesem Land wurde ein Geschäftsmann ermordet, der einige Jahre später erneut auf die Welt kam. Einige Jahre alt, konnte sich der Junge nicht nur an seine vorige Existenz erinnern, sondern er konnte sogar seine eigenen Mörder entlarven.

Nun war "Tod auf Bali" lediglich ein Spielfilm. Aber auf Bali glauben tatsächlich fast alle Einwohner an die Realität der Seelenwanderung bzw. der Reinkarnation. Alle Buddhisten und alle Hinduisten glauben an diese Sache, und das sind zwei der Weltreligionen. Und auch im Christentum wurde die Reinkarnation ursprünglich gelehrt, bis sie irgendwann verboten wurde.

Wir stoßen in der Bibel auf eine sehr interessante Stelle:

"Im Vorübergehen sah er[176] *alsdann einen Mann, der von Geburt an blind war. Da fragten ihn seine Jünger: 'Rabbi (oder: Meister), wer hat gesündigt, dieser Mann oder seine Eltern, daß er als Blinder geboren ist?' Jesus antwortete: 'Weder dieser hat gesündigt noch seine Eltern, sondern (dazu ist es geschehen), damit das Wirken Gottes an ihm offenbar würde.'"*[177]

Der Mann war von Geburt an blind. Aber die Jünger fragten danach, ob seine Sünden oder die seiner Eltern zur Strafe der Blindheit geführt hätten. Aber wie soll er denn vor der Erblindung gesündigt haben, wenn er blind geboren war? Es scheint so, als hätten die Jünger an die Karma-These geglaubt. Der Mann hat in einer vorhergehenden Existenz gesündigt, also wurde er jetzt blind geboren. Dieser Gedankengang erschien ihnen naheliegend. Jesus gibt einen anderen Grund für die Erblindung des Mannes an, aber er führt die Gedanken seiner Jünger nicht ad absurdum. Tatsächlich wurde die Seelenwanderung auch eine Zeitlang von der Kirche gelehrt, bis man ganz zur Paulus'schen Doktrin überging, der die Auferstehung des Fleisches lehrte.

"Und so gewiß es dem Menschen bevorsteht (oder: bestimmt ist), einmal zu sterben, darnach aber das Gericht, ebenso wird auch Christus, nachdem er

---

176 Gemeint ist Jesus. Der Autor.

177 Joh. 9,1-3 (Menge-Übersetzung).

ein einziges Mal als Opfer dargebracht worden ist, um die Sünden vieler wegzunehmen, zum zweitenmal ohne (Beziehung zur) Sünde denen, die auf ihn warten zum Heil (oder zur Errettung) erscheinen.", lesen wir in Hebr. 9, 27.

Diese Stelle stammt vermutlich von Paulus, einem Mann, der durch eine merkwürdige "Erscheinung" vom Judenverfolger zum 13. (!) Apostel wurde. Ein Nachfolger des angeblichen Verräters Judas war ja bereits vorher durch Losentscheid ermittelt worden – Matthias. Wie dem auch sei, Paulus hatte maßgeblichen Einfluß auf die christliche Religion, und viel später war es Martin Luther, der mit der Lehre von der "Auferstehung des Fleisches" den Paulus'schen Gedanken betonte.

Die heutige kirchliche Lehre sagt – basierend auf Paulus – aus, daß der Mensch nur einmal lebe und einmal stürbe, danach erfolge zwangsläufig das Gericht, es sei denn, er habe zuvor das Blutopfer Jesu Christi angenommen. Aber ist diese Lehre wirklich plausibel? Ein Massenmörder, der sich kurz vor seinem Tode zu Jesu Christi bekehrt, kommt in den "Himmel", den Ort der Seligkeit, und ein humaner Mensch, der von der christlichen Religion nichts wissen will, kommt dagegen in die "Hölle" – den Ort der Verdammnis. Ist der Glaube an die Reinkarnation, der die Chance bietet, im vorherigen Leben begangene Verbrechen wieder "auszugleichen", nicht plausibler? Aber gibt es Indizien, die belegen, daß die These von der Reinkarnation richtig ist?

Manche Menschen können sich unter Hypnose an vergangene Leben erinnern. Wir entnehmen dem bekannten Reinkarnationstherapeuten Dr. Raymond A. Moody einige Fälle:

Eine Patientin von Dr. Moody litt seit Jahren an Hypertonie (die sich in grauenhaften Kopfschmerzen äußerte.) Sie hatte regelmäßig blutdrucksenkende Mittel geschluckt und strenge Diät gehalten, aber das Ergebnis war gleich Null. Trotz disziplinierten Lebens kam es zu keiner Besserung. Nach anfänglichen geringfügigen Erfolgen kletterte der Blutdruck immer wieder. Sie hatte Dr. Moody oft ihr Leid geklagt, aber niemand kam auf die Idee daß dies irgendetwas mit ihren Vorleben zu tun haben könnte. Aus Gründen der Neugier, nicht aus Gründen der Hypertonie, kam es irgendwann zu einer Rückführung. Die Patientin – Dr. Moody nennt sie "Anne" – fand sich in einer kleinen Stadt im alten Ägypten wieder. Der Eintritt in diese Inkarnation erfolgte am letzten Lebenstag, wie sich zeigte. Der Ort war von den Truppen eines unbekannten fremdländischen Angreifers fast vollständig aufgerieben, und in der Stadt breitete sich Panikstimmung aus, als die Eroberer jetzt in die Stadt einzudringen und die Bevölkerung niederzumetzeln begannen. Nach dem Erwachen aus der Hypnose gab Anne das Folgende zu Protokoll:

“Das Ende war grauenhaft. Wir rannten in hellen Scharen kopflos durch die Straßen hinter die berserkerhaft wütenden fremden Soldaten. Die Eindringlinge verfuhren bei ihrem Tötungswerk ganz planmäßig. Frauen räumten sie mit Faustschlägen aus dem Weg, ließen sie aber am Leben. Zunächst brachten sie mit ihren Schwertern systematisch nur Männer um. Sie hieben so lange zu, bis die Opfer in ihrem Blut schwammen. Dann stürzten sie über die am Boden Liegenden hinweg gierig hinter neuen Opfern her. Bald war klar, daß am Ende nur die Frauen übrigbleiben würden. Ich steckte, von nichts als Fluchtdrang beherrscht, als junge Frau mitten in dem Menschengewühl. Aber es gab kein Entkommen. Wohin man sich wandte, überall fremde Soldaten. In der Gruppe klammerten wir uns ängstlich aneinander, aber eine nach der anderen wurde losgerissen und verschwand in der Masse der Soldaten. Ich kam als eine der ersten an die Reihe. Ein grobschlächtiger Wüstling riß mich an sich. Als ich mich sträubte, drehte er mir die Arme auf den Rücken, und von seinen umstehenden Genossen erhielt ich einige Keulenhiebe auf den Kopf, ehe ich wie ein Stück Abfall zu Boden geworfen wurde. Da endet meine Erinnerung.“[178]

Dieser und ein anderer Fall konnten durch Rückführungstherapie geheilt werden. Hier der andere:

“Mary” war eine Frau zwischen dreißig und vierzig. Sie war schon als Kind von Asthma geplagt. Mittlerweile sah sich die Patientin bereits in ihrer generellen Lebenstauglichkeit angeschlagen. Die medizinische Behandlung – die Inhalationen – schaffte nur eine vorübergehende Besserung. Aus reiner Neugier und weil sie es als letzte Hoffnung ansah, unternahm “Mary” nun einen Versuch mit der Regressionstherapie. Zu Beginn unterhielt sich Moody mit ihr über ihren biographischen Hintergrund. Sie führte eine glückliche Ehe mit einem Professor der Anglistik und sah sich nach eigener Einschätzung durch ihre Lebensweise kaum irgendwelchem nennenswerten Streß ausgesetzt. Sie war der Typ Heimchen am Herd, glücklich und zufrieden in der Rolle der Hausfrau und Mutter einer vierjährigen Tochter.

Die Asthmaanfälle setzten schon bei ganz geringfügiger Streßbelastung ein. So war Mary zum Beispiel am Tage vor der ersten Sitzung von der Zubereitung des Abendessens von einem Anfall überrascht worden: Der bloße Umstand, etwas und sei es auch unter noch so mildem Zeitdruck bewältigen zu müssen, hatte ausgereicht, um die Attacke auszulösen!

Moody ließ sie es sich auf der Couch bequem machen und versetzte sie in hypnotischen Tiefschlaf. Sie fand sich im London der zweiten Hälfte des 19.

---

178 Moody 1991, S. 87/88.

Jahrhunderts wieder, und zwar in einem Hausfrauendasein, das sich vorwiegend in einem der für das Erscheinungsbild der Stadt so charakteristischen anonymen Reihenhäuser abspielte. Vergnügt berichtete sie, womit ihre Tage ausgefüllt waren – vom Einkaufen und Kochen, von den Hausarbeiten und den Näharbeiten, die sie machte. Offenbar führte sie ein ganz gewöhnliches Leben.

Moody führte sie dann weiter zu ihrer letzten Stunde. Sie sah sich im dichten Nebel durch London gehen – auf dem Heimweg von einem Kleiderkauf. Es war kalt – schneidend kalt. Mit Hilfe von Mantelkragen, Schal und Hut hatte sie ihr Gesicht so stark vermummt, daß nur noch ein kleiner Sehschlitz vor ihren Augen offengeblieben war.

Mag sein, daß sie etwas unvorsichtig war, meinte sie. Vor ihrer Haustür angekommen, suchte sie in ihrer Handtasche nach den Hausschlüsseln, ohne groß darauf zu achten, was um sie herum vorging. So konnte der Mann, der sie die ganze Zeit über vom Bürgersteig aus beobachtet hatte, während sie aufschloß, unbemerkt herankommen und sie durch die offene Tür ins Hausinnere drängen. Bevor sie die Situation richtig begriffen hatte, war hinter ihr bereits krachend die Tür ins Schloß gefallen.

Mary kämpfte um ihr Leben: Noch das Nacherleben des Vorganges auf Moodys Couch war von heftigem Armrucken und jähen Atemstößen begleitet. Doch alle Gegenwehr war zwecklos. Der Angreifer hatte sie in Null Komma Nichts überwältigt und drückte ihr jetzt ein Sofakissen aufs Gesicht, bis sie erstickt war.

In der Rückführung erhob sie sich im Tod über ihren Körper und konnte nun die Szene aus der Vogelperspektive sehen. Als der Mörder sicher war, daß sie keinen Mucks mehr von sich geben würde, begann er, die Wohnung auf den Kopf zu stellen, indem er Schränke und Schubladen aufriß und sie nach Bargeld durchwühlte. Als er nach vergeblicher berserkerhafter Suche schließlich die Hoffnung aufgab noch etwas zu finden, versetze er Marys Leichnam einen Tritt und raste zur Tür hinaus.

Aus dem Zustand der Körperlosigkeit heraus beschrieb sie dann Verlustgefühle. Sie beklagte, daß sie ihr Leben in so jungen Jahren und noch dazu auf so tragische Weise hatte hingeben müssen. Am vehementesten äußerte sich ihre Trauer angesichts des Umstandes, daß ihre junge Ehe schon zu Ende war, bevor das Zusammenleben zwischen ihr und ihrem Mann, überhaupt seine “vorbestimmte” – von ihnen beiden ersehnte – Form hatte annehmen können. Soweit das Ergebnis der ersten Therapiesitzung. Und das genügte, um der Patientin eine merkliche Erleichterung von ihren asthmatischen Beschwerden zu verschaffen. Mary selbst ist davon überzeugt, daß sie in der Hypnose eine echte frühere Existenz wiedererlebt hat. "Ja, was denn sonst?" sagte sie nach der Sitzung zu Moody. "Wo soll denn das sonst alles herkommen?" Und weil das ganze einer abgeschlossenen Vergangenheit angehört, dürfe es eigentlich keinen bestimmenden Einfluß auf ihr jetziges Leben haben. Wenn sie heute einen Asthmaanfall kommen spürt, erinnert sie sich an die Herkunft ihres Leidens. "Dann sage ich mir, daß dieser Mann mich in einem früheren Leben umgebracht hat, daß er aber eigentlich keine Macht über mein jetziges Leben hat."[179]

Fazit für Mary: sehr viel weniger Asthmaanfälle als zuvor und gegenüber früher stark verminderter Arzneimittelverbrauch.

Den folgenden Fall entnimmt Moody der Praxis eines kalifornischen Regressionstherapeuten:

Eine Schülerin, genannt "Sabrina", hat eine krankhafte Furcht vor Feuer. Sie wird schon halb wahnsinnig vor Angst, wenn sie nur ein Streichholz anzünden soll. Am brennenden Kamin zu sitzen und die behagliche Wärme zu spüren ist für Sabrina ein Ding der Unmöglichkeit. Ebenso kann sie nicht, ohne dabei panische Angst zu bekommen, ein Lokal betreten, in dem brennende Kerzen auf dem Tisch stehen. Auch während der Behandlung fällt es Sabrina noch schwer, über Feuer zu reden. Eines Tages kommt das Thema Hexenverbrennung in Salem in Sabrinas Geschichtsunterricht an die Reihe. Nachdem der Geschichtslehrer das Thema angeschnitten hat, wird Sabrina von solcher Beklemmung ergriffen, "daß sie kaum noch atmen kann". Sie schafft es trotz konzentrierter Anstrengung nicht, ihrer Panik Herr zu werden, und schließlich verläßt sie das Klassenzimmer. Diesen Vorfall nimmt Sabrina zum Anlaß, einen Regressionstherapeuten aufzusuchen, um der Vermutung nachzugehen, ob ihre phobische Reaktion möglicherweise mit Ereignissen aus einem früheren Leben zu tun hätte. Und so wird Sabrina zurückgeführt.

"Ich sah mich selbst und meine Lage hoffnungslos deutlich. Ich war ein Mädchen von ungefähr vierzehn Jahren und wurde eben auf einen Scheiterhaufen festgebunden. Der Ort, im dem das stattfand, lag irgendwo in Frankreich. Um mich herum drängte sich eine johlende Menschenmenge, und mir war irgendwie, als hätten diese Menschen ähnlichen Veranstaltungen mit großem Vergnügen schon einige Male beigewohnt.

Ich war vor Entsetzen gelähmt. Mir war klar, daß es kein Entrinnen gab, und dennoch mühte ich mich verzweifelt, mich aus den Stricken, mit denen ich festgebunden war, herauszuwinden.

---

179 Moody 1991, S. 84 – 87.

Ich wußte, warum ich verbrannt werden sollte. Ich hatte ungewollt meine Leibesfrucht abgetrieben, indem ich eine Arznei einnahm, die ich von einem Weiblein bekommen hatte, das jetzt der Hexerei für schuldig befunden worden war. Mir selbst war der Vorwurf der Hexerei erspart geblieben. Doch weil ich mich mit dem Kräuterweib gemein gemacht hatte, galt auch ich als dem Teufel verfallen. Aber es war gar nicht meine Absicht gewesen, das Kind abzutreiben. Wieder und wieder hatte ich meinen Richtern beteuert, daß ich die Arznei einzig und allein zu dem Zweck eingenommen hatte, ein Unwohlsein zu kurieren. Aber das fand keinen Glauben, und deshalb stand ich jetzt hier auf dem Scheiterhaufen, um im Feuer für etwas zu büßen, was ich zwar getan hatte, aber nicht hatte tun wollen.

Mein Entsetzen stieg aufs äußerste, als jetzt das rings um mich herum aufgeschichtete Holz angezündet wurde. Ich schrie mit raucherstickter Stimme um Gnade und Barmherzigkeit. An den Beinen spürte ich die Flammen lecken und mir die Haut versengen. Dann bat ich innerlich nur noch um einen schnellen Tod, aber der wurde mir vom Schicksal verweigert. Die marternden Flammen kletterten an mir herauf und fraßen mir das Kleid vom Leib. Dann fingen meine Haare Feuer, und ich atmete den Rauch ein, und der brannte sich in die Lunge wie ätzende Säure. Erst nach all diesen Qualen kam der Tod, um mich zu erlösen."

"Für die Patientin wirkte sich dieses Erlebnis als Erlösung aus", schreibt Moody. "Jetzt, nachdem sie erkannt hat, was die Ursache ihrer Feuerphobie ist, hat sich ihre Symptomatik rasch zurückgebildet, die in hysterischen Ausbrüchen endete. Die Alpträume sind verschwunden, und nun kann Sabrina entspannt bei Kerzenlicht in einem Restaurant sitzen, und sie soll sogar einmal mit Freunden an einem Lagerfeuer gesichtet worden sein."[180]

Was die Echtheit dieser Erlebnisse betrifft, da ist sich Moody nicht ganz sicher. Er beschreibt, daß er von seiner christlichen Erziehung und von seinem naturwissenschaftlichen Hintergrund her eigentlich nicht an die Objektivität der Berichte glauben *dürfe.* Schließlich gäbe es für die Echtheit keinen Beweis. Als Naturwissenschaftler – so Moody – müsse er folgern, daß Rückführungserlebnisse Manifestationen eines auf hypnotischem Wege erreichten veränderten Bewußtseinszustandes seien. Damit ist sein Erklärungsbedürfnis vollauf gedeckt. Auch wenn diese Erlebnisse aus wissenschaftlicher Sicht nicht als Beweis für die Realität der Wiedergeburt zu werten sind: Ein Beweis für die Existenz eines vielgestaltigen Bedeutungskosmos jenseits der Bewußtseinssphäre sind sie allemal.

---

[180] Moody 1991, S. 96 – 98.

Moody kommt zu dem Schluß, daß die Argumente für die Echtheit der Erlebnisse und die Argumente dagegen sich in etwa die Waage hielten und daß jeder sich selbst ein Urteil bilden müsse.[181]

In einigen Fällen ist sich Moody jedenfalls sicher, daß es sich um einen "Königsweg zu einem persönlichen Mythos" handelt.[182] Die Situationen, Episoden und nicht selten vollständigen Dramen, aus denen die Rückführungserlebnisse bestehen, können als metaphorische Selbstreflektion der Persönlichkeit begriffen werden, deren korrektes Entschlüsseln dem Therapeuten zum besseren Verständnis seines Patienten und dem Patienten zum besseren Verständnis seiner selbst verhilft. In der Jungschen Tiefenpsychologie heißt eine Mythengestalt, die immer wieder vorkommt, "Archetyp".[183]

Andererseits verweist Moody auf einige Fälle, die von Ian Stevenson – einem renommierten Reinkarnationsforscher, der als Professor der Psychiatrie an der University of Virginia tätig ist – aufgezeichnet wurden. Stevenson kann Fälle vorweisen, in denen Aussagen, die ein Hypnotisierter in einer Hypnoseregression bezüglich eines vergangenen Lebens macht, tatsächlich bestätigt werden, obwohl der Person die entsprechenden z.T. vollkommen beiläufigen Details gar nicht bekannt sein *konnten.* Demnach haben wir hier eine unabhängige Verifizierung, eine Bestätigung dessen, was unter Hypnose zutage getreten war.

So untersuchte Stevenson beispielsweise einen Fall, der sich um einen Mann namens Imad Elawar drehte. Elawar wurde im Jahre 1958 im libanesischen Kornayel geboren. Bereits kurz nachdem er die ersten Worte sprechen konnte, kamen aus Imads Mund Namen und Ortschaften, die er – das Baby – natürlich noch nie gehört haben konnte. Sein Vater war Angehöriger einer islamischen Sekte und glaubte selbst an die Reinkarnation. Aber sein eigener Sohn als Betroffener, der sich zudem noch erinnern konnte?

Stevenson recherchierte vor Ort und sprach mit dem fünfjährigen Imad Elawar. Er interviewte auch dessen Eltern und einige Verwandte. Und das Ergebnis von Stevensons Untersuchung: Der Junge hat tatsächlich schon einmal in Khriby als Ibrahim Bouhamzy gelebt. Die Aussagen des Kindes waren so erschreckend einleuchtend, daß Professor Stevenson 47 genaue Details notieren konnte, von denen 43 bestätigt wurden! Stevenson war sich sicher: Der Junge hatte schon einmal gelebt. In seinem früheren Leben war er im Jahr 1949 mit nur 25 Jahren nach monatelanger Bettlägerigkeit an Tuberkulose ge-

---

[181] Moody 1991, S. 141 – 147.

[182] Moody 1991, S. 187.

[183] Moody 1991, S. 187-189.

storben. Ins Haus geführt, äußerte Imad spontan, daß er zwei Gewehre besessen habe, die er versteckt habe. Und er fand die Gewehre auf Anhieb.[184]

Vier Jahre zuvor war der dreijährige Junge Jasbir Jat aus Rasulpur in Uttar Pradesch an Pocken erkrankt und für tot gehalten worden. Kurz vor der Bestattung kam der Junge zu sich. Nach mehreren Wochen war Jasbir wieder gesund, behauptete jedoch, Sobha Ram zu heißen und der Sohn des Brahmanen Shankar Lil Tyagi aus dem Dorf Vehedi zu sein. Von nun an verhielt sich der Junge wie ein Brahmane. Erst nach Jahren durfte Jasbir das Dorf Vehedi besuchen. Dort war er sich ganz sicher: Er war der wiedergeborene Sobha Ram, der tatsächlich bei einem Hochzeitsumzug tödlich verunglückt war. Der Junge erinnerte sich sowohl an seinen Tod als auch an 38 Fakten aus seinem früheren Leben. Stevenson recherchierte und stellte fest, daß alle Erinnerungen des Jungen bis aufs Detail zutrafen.[185]

Der deutsche Parapsychologe und Fachautor Manfred Keppeler hatte einen immer wiederkehrenden Traum, der sehr intensiv war. "Mehrere mir unsichtbare Jäger hetzten mich durch ein Waldstück. Immer deutlicher ist das wütende Gebell der Hunde zu vernehmen. Die Verfolger sind mir dicht auf den Fersen. Mit taumelnden Schritten kämpfe ich mich durch das Unterholz. Mein Atem geht stoßweise, der Schweiß bricht aus allen Poren. Zweige schlagen in mein Gesicht, und mit vorgehaltenen Armen versuche ich, die Augen zu schützen. Ich erreiche eine Lichtung inmitten dieses Meeres aus Bäumen und Sträuchern, aber meine Beine sind wie gelähmt, und nur unendlich langsam komme ich auf der freien Fläche vorwärts. Unvermittelt stehe ich vor einem Turm. Seine wuchtigen Steinquader versprechen Sicherheit und Rettung. Mit letzter Kraft gelange ich in das Innere."

Keppeler findet jedoch keine Treppen vor. Statt dessen: Ein Berg aus Erde, Schutt und Steinen. "In Todesangst klammere ich mich an vorstehendes Mauerwerk und versuche, mich daran hochzuziehen. Die ersten Hunde drängen mich durch den Eingang des Turms und verbeißen sich in meinen Beinen. Bleischwer erscheint mir mein Körper. Trotzdem erreiche ich noch die Mauerkrone des Turms. Dann beginnt der blaue Himmel über mir immer heller zu werden, bis schließlich meine ganze Umgebung in grellweißes Licht getaucht ist. Mit dem Gefühl, ins Unendliche zu fallen, endet der Traum."

Keppeler wollte nun selbst dem Geheimnis seines wiederkehrenden Traumes auf die Spur kommen. Er suchte die Steinanlagen in Carnac an der bretonischen Küste Frankreichs auf. Dort trieb es ihn durch Farn und Stechginster –

---

184 Langbein 1997, S. 97.
185 Langbein 1997, S. 96/97.

bis er plötzlich vor dem Turm aus seinem Traum stand! Sofort betrat Keppeler das Innere des Turms. Er berichtet: "Im Inneren des Turms waren keinen Treppen zu sehen, dagegen der mir wohlbekannte Berg aus Lehm und Steinen. Auch die Unregelmäßigkeiten des Mauerwerks waren vorhanden. Fast wie in Trance arbeitete ich mich an der Mauer empor. Von der Mauerkrone aus blickte ich hinunter auf die Lichtung, die auf einer Seite in offenes Gelände überging. Ein tiefgehendes und nie gekanntes Gefühl durchströmte meinen Körper. Es war, als hätte ich eine bisher verborgene Stelle meiner Existenz berührt, die weit außerhalb meines Vorstellungsvermögens liegt. Von einer Flut von Gedanken und Gefühlen überwältigt, stieg ich wieder vom Turm herab, und erst der Rückweg ins Hotel brachte mich in die Wirklichkeit zurück."

Seither hat Manfred Keppeler keine Alpträume mehr. Für ihn steht fest: "Ich lebte schon einmal, wurde in einem früheren Leben von Hunden gehetzt und suchte wirklich Zuflucht im Turm. Die böse Überraschung, dort keine Treppen vorzufinden, der verzweifelte Kampf mit den Hunden – ich habe alles das wirklich erlebt."[186]

Es geschah im Sommer, im August 1983: Suresh Verma, 35 Jahre alt, freut sich nach einem arbeitsreichen Tag in seinem Radiogeschäft auf einen ruhigen Abend an der Seite seiner Frau Uma und seiner Söhne Ronu und Sonu. In freudiger Erwartung steuert er mit seinem Fiat auf seinen Hof in Agra, Indien, zu. Plötzlich wird Suresh am Kopf getroffen – nur Sekundenbruchteile zuvor hat der Überfall durch zwei Männer begonnen. Suresh stirbt noch am Tatort. Seine Frau findet ihn dort – blutüberströmt.

Vier Monate später: In der Nähe des Tatorts kommt ein Baby zur Welt, das von den Eltern Titu genannt wird. Titu fängt im Alter von nur vier Jahren an, seltsame Dinge zu erzählen. Er habe schon einmal gelebt, als Radioverkäufer gearbeitet und eine Familie gehabt – eine Frau namens Uma und zwei Söhne. Titu erinnert sich auch daran, von zwei Männern brutal ermordet worden zu sein.

Die Eltern sind besorgt. Ihr Kind wird in zunehmendem Maße aggressiv. Es fordert, man möge ihn sein altes Leben in Agra fortführen lassen. Titus älterer Bruder will es genau wissen: Er fährt nach Agra. Auf dem Bazar findet er den Suresh Radioshop, von dem sein Bruder so oft erzählt. Und tatsächlich wird er von einer Frau namens Uma geführt, deren Mann tatsächlich im August 1983 erschossen wurde.

---

[186] Langbein 1997, S. 100/101.

Titus Bruder informiert nun die Frau von der Behauptung seines jüngeren Bruders, ihr verstorbener und wiedergeborener Mann zu sein. Die Sache läßt ihr keine Ruhe. Zusammen mit ihren Schwiegereltern und drei Brüdern ihres verstorbenen Mannes sucht sie Titus Familie auf. Als die Besucher ankommen, stürzt Titu sofort auf das ältere Ehepaar zu, keinen Zweifel lassend, daß es sich bei diesem um sein früheres Elternpaar handelt. Er umarmt sie und fragt, warum sie nicht mit seinem Auto gekommen seien. Man verschwieg dem Jungen allerdings, daß man Sureshs Fiat kurz nach dessen Ermordung verkauft hat.

Titus Verhalten gegenüber seiner Witwe aus dem vergangenen Leben ist eher zögerlich. Erst nach und nach stellt sie ihm Fragen, und Titu kann tatsächlich viele Details, die den Aufbau des Radiogeschäftes betreffen, beschreiben. Seine Freude an technischen Dingen schien auch durch seinen zwischenzeitlichen Tod ungebrochen. Plötzlich wurde Titu mit einer peinlichen Frage konfrontiert: "Was hast Du gemacht, als ich heiratete? Auf meiner Hochzeitsfeier!" Die Frage kommt von Maresh, Sureshs Bruder. Peinlich war sie deshalb, weil jener damals ohne einen nennenswerten Grund einen Wutanfall bekommen und mit Tellern um sich geworfen hatte. Und Titu kann sich tatsächlich an diese Episode erinnern und beantwortet die Frage wahrheitsgemäß.

Die Familie Verma ist nun überzeugt: Der kleine Titu ist der wiedergeborene Suresh Verma.

Auch Professor N.K. Chadha von der Universität in Delhi – ein Psychologe – kommt zu diesem Ergebnis. Zusammen mit einem Fernsehteam begleitet er Titu in sein früheres Radiogeschäft. Merkwürdig mutet es an, als das Kind Titu seine früheren Söhne Ronu und Sonu begrüßt.

Titu kann – obwohl er in seinem aktuellen Leben das Geschäft nie betreten hatte – jegliche bauliche Veränderung beschreiben, die seit seinem (Sureshs) Tod vorgenommen worden sind. Nachdenklich betrachtet er ein Foto, das ihn als den Radiohändler Suresh Verma – seine frühere Existenz – zeigt.

Professor Chadha sollte noch einen weiteren beeindruckenden Beweis enthüllen: Ein herbeigerufener Friseur findet unter den vorsichtig abgeschnittenen Haaren eine kreisrunde Narbe – eine Delle in der Schädeldecke. Uma Verma bestätigt: "Ja, es handelt sich genau um die Stelle, an der ihr Mann von der Kugel getroffen worden war."

Titus Eltern sind von dieser Entwicklung wenig begeistert. Wohl glauben sie an die Wiedergeburt, und sie zweifeln auch nicht daran, daß ihr kleiner Junge der wiedergeborene Suresh Verma sein könnte. Aber wird er ein eigenes glückliches Leben führen können? Wird der Schatten seiner früheren Existenz, die durch einen kaltblütigen Mord jäh beendet wurde, zu sehr auf ihm lasten?

Mit diesen Zweifeln im Herzen suchen Titus Eltern den Dorfweisen auf – und der belehrt Titus Eltern:

"Das Universum in seiner Erhabenheit und Weisheit sieht einen ewigen Kreislauf vor zwischen Tod und Wiedergeburt. Wir werden so lange auf diese Erde kommen, bis wir endlich erkennen, daß wir nicht immer wieder verschiedenen Personen sind, sondern eine einzige Seele in verschiedenen Rollen."[187]

An bereits drei solcher Rollen glaubt sich die bekannte Schauspielerin Shirley MacLaine zu erinnern. Sie ist davon überzeugt, bereits dreimal gelebt zu haben. Im ersten Leben – die Schauspielerin erinnert sich daran wie an einen fernen, jedoch extrem realistischen Traum – war sie ein Mann, ein Lehrer auf – ATLANTIS.[188]

Erinnerungen an Atlantis. Nicht nur Marie-Luise Kaiser erinnert sich an jenes geheimnisvolle versunkene Inselreich. Eine bekannte Schauspielerin erinnert sich sogar direkt!

Aber der Lehrer, der Shirley MacLaine einst gewesen sein will, beging Selbstmord. Shirley MacLaine erinnert sich weiter an ein Leben in Indien sowie an eines in Südamerika. Dort will sie sogar einem außerirdischen Wesen begegnet sein, das sie aufforderte, die Lehre von der Wiedergeburt zu verbreiten. Auch der Westernstar Glenn Ford will bereits zum sechsten Mal auf der Erde sein. Die Schauspielerin Elke Sommer erinnert sich an ein früheres Leben ebenso wie der Exboxweltmeister Jack Dempsey.[189]

Die Autorin Murry Hope kann sich seit ihrer Kindheit an weit zurückliegende Zeiten erinnern. Sie schreibt, daß ihr das "Alte Land" schon lange bekannt war, bevor sie von Plato oder von Atlantis gehört hatte. In jenem Land, an das sich Murry Hope erinnert, herrschte eine Art Theokratie. Der Hohepriester oder die Hohepriesterin trafen die meisten Entscheidungen. Staatliche Beamten waren für die praktischeren Aspekte des Landes verantwortlich, und die Regierungsform konnte man durchaus als "Sozialismus" beschreiben, denn alle Menschen teilten die vorhandenen Naturvorkommen unter sich auf. Diejenigen, die ihre Reichtümer vermehren wollten, arbeiteten härter und bekamen dafür im Austausch auch mehr Güter. Die medizinische Versorgung war für alle kostenlos, und die Kinder wurden bereits im Alter von drei Jahren für ihre zukünftige Rolle im Leben ausgewählt. Die Menschen seien sehr groß, jedoch

---

187 Langbein 1997, S. 101 -103 unter Berufung auf Rainer Holbes Werk "Phantastische Phänomene".
188 Langbein 1997, S. 94.
189 Langbein 1997, S. 94/95.

"porös", gewesen. Charakterlich seien sie mit den heute lebenden Menschen vergleichbar gewesen. Es herrschten gut geregelte Verhältnisse vor. Gesetzesbrecher wurden zu Heilungszwecken und nicht "zur Strafe" ins Gefängnis gebracht, und sie mußten eine Art Sozialdienst ableisten.

Murry Hope erinnert sich an einen großen Stein, vermutlich einen blauen Diamanten, den die Hohepriesterin bei bestimmten Zeremonien an einer Halskette trug. Ansonsten ruhte der Stein auf einem Altar. Dort stand er so, daß er zu den Zeiten, in denen die Sonne ihre kraftvollsten Energien abgab, ihre Strahlen auffangen konnte. Murry Hope mutmaßt, daß dieser Stein der Prototyp der späteren Energiekristalle war, von denen andere Medien berichteten. Als Hauptenergiequelle zu jener Zeit wird von Murry Hope jedoch der Schall bezeichnet, wobei die Methoden seiner Verwendung strengster Geheimhaltung unterlagen. Nur ein gewisser Priesterzweig hatte Zutritt zu diesem Geheimnis – es war jener Zweig, aus dem sich auch die Wissenschaftler und Wissenschaftlerinnen rekrutierten. Murry Hope spricht von Menschen mit blonden Haaren und blauen Augen oder Menschen mit einer kupferfarbenen Haut und grünen oder braunen Augen. Weiter erinnert sich die Autorin an einige Menschen mit dunklen Haaren und blauen Augen. Murry Hope sprach von schrägen Augen, durch die ihre Gesichter etwas mongolisch aussahen (!). Auch die Menschen mit weißer Hautfarbe hätten eine gelbliche oder goldene Tönung aufgewiesen. Die Atlanter hätten auch oft Sommersprossen gehabt. Unter den Fremden, die von sehr weit her kamen, um Handel zu treiben, hätte es Menschen der verschiedensten Hautfarbe gegeben, von Ebenholzschwarz bis Rosaweiß. Die sich erinnernde Person, die berichtet, ein abgeschirmtes Leben geführt zu haben, hätte allerdings wenig Berührungspunkte mit ihnen gehabt.

Nach Hopes Erinnerungen lag die Hauptstadt im Osten des Kontinents – in ungefähr 48 Kilometern Entfernung von der Küste. An diesem Strand gab es keine Ebbe und keine Flut. Rhododendronähnliche Büsche und andere bunte Blumen wuchsen hier. Es gab keine Gezeiten – und keinen Mond. Das Sonnenlicht war hell, aber dunstiger als heute, Hope empfand es in ihrer Erinnerung allerdings als dunstig und silbrig. Warm sei es im Norden der Insel gewesen, in den bergigen Regionen des Südens dagegen sei es kalt gewesen.

Die Autorin berichtet, sie habe damals zu einer abgeschlossenen Familieneinheit gehört, die spirituell aus einer Gegend von außerhalb der Erde stammte. Hope: "Daran erinnere ich mich *wirklich*!" Sie sei damals zum ersten Mal auf der Erde gewesen. Murry Hope betont, daß ihre parapsychologischen Fähigkeiten 1977 von Dr. Carl Sargent unter Laborbedingungen mit gutem Ergebnis getestet worden seien.[190]

Erinnerungen an vergangene Leben? Erinnerungen an Atlantis? Ist so etwas möglich?

Auch im Westen sind viele Menschen der Ansicht, daß die Reinkarnation, der Gedanke des Karmas, die plausibelste Erklärung für den Kreislauf von Leben und Tod ist.

Mit dem Gedanken des Karmas und der Reinkarnation hat sich der Psychologe Baldur R. Ebertin auseinandergesetzt. Ebertin geht davon aus, daß die menschliche Seele unsterblich ist und daß der Mensch durch verschiedene zahlreiche Wiederverkörperungen durchgehen müsse, um durch diverse Reifeprozesse vollkommen zu werden. Dies sei kein Prozeß von wenigen Jahren oder Jahrzehnten. Ebertin ist sich sicher, daß es zur Vervollkommnung wesentlich mehr als nur eines Lebens bedarf.[191]

Anhänger der Reinkarnationslehre verstehen unter dem Begriff "Karma" eine Art "ethische Erbmasse", die man von Leben zu Leben mitnimmt. Man suche sich seine Eltern bewußt aus, um in ein Leben einzutreten, in dem die Chance groß ist, sich zur Vervollkommnung noch fehlende Eigenschaften erarbeiten zu können.

Edgar Cayce brauchte lange, bis er von der Idee der Reinkarnation überzeugt war. Zunächst war er der Meinung, diese Idee stünde nicht mit der Bibel im Einklang. Schließlich gelangte er jedoch – besonders nach den Gesprächen mit Lammers – zu der Einstellung, daß die Bibel der Idee der Reinkarnation nicht nur nicht entgegenstünde, sondern daß sie diese sogar lehre.

Auch Cayces Readings lieferten Beweise für die Idee der Reinkarnation. So sagte er einmal einer Frau, sie hätte vor zehntausend Jahren im heutigen New Mexiko gelebt und bestimmte Hieroglyphen geschrieben, die an einer bestimmten Stelle auch noch zu finden sein sollen. Als die Frau mit Freunden an die beschriebene Stelle fuhr, fand sie tatsächlich diese Zeichen vor.[192]

Cayce selbst hatte einmal einen Traum, der ihn nicht in eine vergangene Inkarnation, sondern in eine zukünftige führte. Der Traum stellte sich während einer emotionalen Krise ein – Der Heiler war in Detroit wegen "Ausübung des Arztberufes ohne Berechtigung" verhaftet worden. In der Verhandlung wurde er öffentlich als Scharlatan gebrandmarkt.

---

190 Hope 1993, S. 349-351.
191 Ebertin 1995.
192 Stearn 1967.

Im Zug zurück nach Virginia Beach schlief Cayce ein und entglitt in das Land der Träume.

Der Inhalt seines bemerkenswerten Traumes war ungewöhnlich klar: Edgar Cayce war im Jahre 2100 in Nebraska wiedergeboren worden. Er sah eine vollkommen veränderte Erde: Das Meer bedeckte anscheinend den ganzen westlichen Teil des Landes, denn die Stadt in der er lebte, lag an der Küste. Er erinnerte sich daran, einen seltsamen Familiennamen gehabt zu haben. Bereits als Kind wußte er jedoch, daß er der wiedergeborene Edgar Cayce ist. Cayce erinnerte sich an Bilder von Wissenschaftlern – Männern mit langen Bärten und dicken Brillen – die herbeigerufen wurden, um ihn zu beobachten. Sie recherchierten sogar – beschlossen die Orte, in denen Cayce gearbeitet und gewohnt hat, aufzusuchen. Der wiedergeborene Cayce und die Wissenschaftler erreichten die Orte Kentucky, Alabama, New York, Michigan und Virginia mittels eines langen zigarrenförmigen Luftschiffes aus Metall.

(Ich bin mir dessen bewußt, daß es sich bei diesem "Traum" kaum um eine akkurate "Erinnerung" an ein zukünftiges Ereignis gehandelt haben dürfte, das in der Zukunft lag. Die Erwähnung von "Wissenschaftlern mit dicken Brillen und langen Bärten" scheint eher Symbolwert zu besitzen. Im 22. Jahrhundert werden "dicke Brillen" wohl kaum mehr existieren. Vielleicht jedoch handelte sich um eine bildhafte unbewußte Vorstellung von einer Entwicklung, wie sie – ausgehend von Cayces Zeit – für die im Traum genannte Zeit möglich oder sogar zu erwarten war.)

Wenn wir hören wollen, wie es in Cayces Traum weiterging, dann erfahren wir, daß Cayce vom Luftschiff aus Schreckliches erblickte: Teile Alabamas lagen unter Wasser, und Norfolk hatte sich zu einem riesigen Seehafen entwickelt. New York war zerstört, ob durch einen Krieg oder ein Erdbeben, war nicht erkennbar. Man war gerade dabei, die Stadt wieder aufzubauen. Industrieunternehmen waren übers ganze Land verstreut, und die meisten Häuser bestanden aus Glas. Viele Zeugnisse seiner Arbeit als Edgar Cayce wurden entdeckt und gesammelt.

Später sah sich Cayce in demselben Traum mitten in einer Stadt, die vollkommen zerstört war. Also fragte er ein paar Arbeiter, um welche Stadt es sich handele. Die erstaunten Arbeiter antworteten: "New York".[193]

Hatte Cayce nur einen äußerst lebendigen Traum oder konnte er – mit den beschriebenen Abstrichen – in die Zukunft blicken? Einige seiner Prophezeiungen lassen letzteres erahnen...

---

[193] Stearn 1967.

Kapitel 8: Die Rückkehr zur Vergangenheit

Katastrophale geologische Umwälzungen: Haben wir sie überstanden? ∴ Prophezeiungen, die eintrafen und die nicht eintrafen.

Wir haben bereits jene Prophezeiungen des Edgar Cayce betrachtet, die sich mit Ägypten und der Sphinx insbesondere befassen.

Verblüffende Übereinstimmungen galt es da festzustellen. Cayce datierte den Bau der Sphinx auf etwa 10500 v. Chr. Lange hat man geglaubt, die Sphinx sei erst kurz vor der Zeitenwende errichtet worden. Die offizielle Lehrmeinung ist immer noch, daß dieses Monument um 2500 v. Chr. errichtet worden ist. Doch Untersuchungen, die durchgeführt wurden, als Edgar Cayce schon lange "tot" war – was immer dieses Wort auch bedeuten mag –, bestätigen Cayces Darstellung. Denn die Sphinx muß – wie Wassererosionsschäden belegen – wesentlich älter sein. Und Cayce sagte ja, die Sphinx sei vor einer Sintflut erbaut worden – das würde die Wasserschäden erklären. Aber werden Cayces Prophezeiungen in bezug auf die Sphinx eintreffen? Werden Vermächtnisse von Atlantis auf dem großen Pyramidenplateau gefunden werden? Beinahe sah es so aus, als ob der Ingenieur Gantenbrink vor der Entdeckung einer geheimnisvollen Kammer stand – doch wie wir wissen, wurde er zurückgepfiffen. Leider.

Cayces Weissagungen beschränken sich allerdings keineswegs auf das Pyramidenplateau. Der Seher machte neben geologischen Voraussagen auch vor politischen Prophezeiungen nicht halt.

"Die Erde wird im westlichen Teil von Amerika aufbrechen. Der größere Teil Japans wird untergehen. Der obere Teil Europas wird sich während der Dauer eines Augenzwinkerns verändern. Land wird vor der Ostküste Amerikas erscheinen. Wenn das erste Aufbrechen einiger Stellungen in der Südsee und jener, die ebenso offensichtlich im Sinken oder Auftauchen beinahe Gegenstücke sind stattfindet, oder im Mittelmeer und im Ätna-Gebiet, dann wissen wir genau, daß es begonnen hat."[194]

Leider sind bei Cayces Prophezeiungen keine Reading-Nummern angegeben. Vermutlich wurden sie aus den verschiedenen Readings "herausgesammelt".

Plötzliche geologische Veränderungen, isostatische Ausgleichsbewegungen nach Jahrtausenden? Die überwiegende Mehrzahl der Geologen würde hier wohl den Kopf schütteln. Ein neuer Asteroideneinschlag? Das Thema ist ja

---

194 Aus der Internet-Seite http://www.dreamscape.com/morgana/phoebe.htm

heute so aktuell wie nie zuvor. Oder ein Kippen der Erdachse als Ursache für die Veränderungen, die im Jahre 1936 begonnen haben sollen, wie Edgar Cayce gesagt hat? Aber wodurch sollen diese ausgelöst worden sein? Oder handelt es sich bei den Aussagen gar nur um symbolische Aussagen, wie die A.R.E. (Association for Right and Enlightment) neuerdings verkündet: "Cayces Voraussagen für die Zukunft sind nicht wirklich Erdbeben; vielmehr verkünden sie die Tatsache, daß eine neue Welt geboren worden ist."[195] Allerdings wird eingeräumt, daß die geologischen Zustände auf dem Planeten einige Erdveränderungen unumgänglich machen würden. Es würde fortgesetzte Erdbeben geben, aber letztendlich würden die Veränderungen von positiver Art sein.

Cayces Voraussagen über die geologischen Veränderungen separat betrachtet, versprechen jedoch nicht nur "fortgesetzte Vulkanausbrüche", sondern eine radikale Umkrempelung der gesamten Welt.

Will die A.R.E. mit dieser Relativierung die Cayce-Anhänger beruhigen, oder will sie vorbeugen für den Fall, daß in der von Cayce genannten Zeitspanne von 1958-1998 tatsächlich nichts Gravierendes geschehen sollte? Und das wird in der Tat sehr knapp! Aber hat Cayce denn tatsächlich behauptet, daß die Umwälzungen komplett innerhalb dieser Zeitspanne stattfinden müßten? Zugegeben, der Hellseher nannte oft diese Zeitspanne im Zusammenhang mit Veränderungen, aber andererseits sprach er im Zusammenhang mit dieser Zeitepoche auch oft vom "Beginn der Veränderungen". *"Und diese (Veränderungen) werden in jenen Perioden von achtundfünfzig bis achtundneunzig beginnen, da diese als die Periode ausgerufen wird, wo Sein Licht wieder in den Wolken zu sehen ist.* ""[196]

Und er sagte an anderer Stelle, daß das Schicksal des Menschen nicht unabänderlich festgelegt sei.

Werfen wir jedoch zunächst einen Blick auf seine weiteren Voraussagen:

"Wenn es größere Aktivitäten im Vesuv oder Pelee und dann an der Südküste Kaliforniens und in den Gegenden zwischen Salt Lake und den südlichen Teilen von Nevada gibt, dann können wir, innerhalb der drei Monate, die darauf folgen, die Überschwemmung durch die Erdbeben erwarten. Diese werden jedoch mehr auf der südlichen als auf der nördlichen Halbkugel auftreten"[197]

"Es wird Erdbeben in der Arktis und der Antarktis geben, die verantwortlich für Vulkanausbrüche in den heißen Gegenden sein werden, und es wird eine

---

195 http://www.are-cayce.com/
196 Stearn 1967.
197 Wie Fußnote 195.

Verschiebung der Pole geben, so daß es dort, wo zuvor die frostigen oder die subtropischen Gebiete waren, diese tropischer werden, und Moos und Farne werden wachsen."[198]

"Was den Zustand der Welt, des Landes, betrifft, werden die Veränderungen sich hier allmählich herausbilden. Kein Wunder, daß die ENTITY die Notwendigkeit eines Wechsels des zentralen Standortes fühlt. Denn viele Teile der Ostküste werden zerstört, wie auch viele Teile der Westküste sowie zentrale Standorte der USA. In den nächsten paar Jahren wird Land im Atlantik wie im Pazifik auftauchen, und was jetzt die Küstenlinie von manchem Land ist, wird das Bett des Ozeans sein. Gerade viele Schlachtfelder der Gegenwart werden Ozean sein, werden die See sein, die Bays, die Länder, über die DIE NEUE WELTORDNUNG getragen wird auf ihrem Handel – einer mit dem anderen."[199]

Was Veränderungen der amerikanischen Westküste betrifft, da ist man sofort geneigt zuzustimmen. Schließlich liegt da die erdbebenträchtige San-Andreas-Spalte, die schon für mancherlei Erdbeben in jener Region gesorgt hat – allerdings auch schon vor Cayces Zeit. Es ist also keine Kunst, etwas Derartiges vorauszusagen. Aber was ist mit der Ostküste? Die Ostküste der Vereinigten Staaten erdbebengefährdet? Hier werden sich sicher etliche Geologen finden, die bereit sind, dagegen zu wetten. Auch Jess Stearn war skeptisch bezüglich dieser Prophezeiung – bis er sich mit dem Ingenieur David Williams, einem Fachmann für Starkstromkabel über den Stromausfall vom 9. November 1965 unterhielt, der damals den gesamten Nordosten Amerikas lahmgelegt hatte. Als die Sprache auf Cayces Prophezeiungen kam, sagte Williams: "Vielleicht wußte Cayce etwas." Er begann vom Bruch unter der 14. Straße zu sprechen – Manhattan: Eine Stadt, die auf festem gewachsenen Grundstein steht – dachte Stearn. Aber Williams sagte trocken: "Bei einem stärkeren Erdbeben in diesem Gebiet könnte ganz Manhattan südlich der 14. Straße sehr leicht in die Bucht fallen." Der Bruch in der 14. Straße soll 1962 entdeckt worden sein, als Williams Firma, Consolidated Edison, zwischen der 14. Straße und dem East River ein Kraftwerk errichten wollte. Man prüfte die Standfestigkeit des Bodens, in dem man Bohrungen bis in eine Tiefe von rund sechzig Metern durchführte – bis man auf Muttergestein stieß. Dann holte man Angebote über die Stahlpfeiler ein, die in den Boden getrieben werden mußten, bevor der Bau möglich war. Einige Ingenieure erinnerten sich an einen Bruch unter dem East River und empfahlen – als zusätzliche Sicherheitsmaßnahme – Bohrungen mit noch schwereren Geräten. In einer Tiefe von etwa 60 Metern seien

[198] Wie Fußnote 195.
[199] Wie Fußnote 195.

laut Williams die schweren Bohrer plötzlich in eine unterirdische Spalte durchgesackt, die sich von der Flußspalte abzweigt und von der 14. Straße diagonal nach Nordwesten bis zur 15. oder 16. Straße abzweigt. Sie setzt sich dort noch weiter fort, aber dies wurde nicht mehr überprüft, da der Besitz der Consolidated Edison hier endet. Ohne großen Wind zu machen, baute man das Kraftwerk statt über der 14. Straße auf Long Island und überließ den Umweltschützern den Triumph.[200]

Stearn beruft sich auch oft auf einen "namhaften Geologen", der sich mit den Cayce`schen Prophezeiungen beschäftigt haben will. Leider wird dieser namhafte Geologe nicht namentlich genannt, so daß die von Stearn zitierten Aussagen dieses Mannes wenig Aussagekraft haben. Trotzdem möchte ich nachfolgend auch das schildern, was dieser Geologe zum Bruch in der 14. Straße sagt.

Stearn beschreibt, wie jener Geologe ein Buch mit dem Titel *Geomorphologie* von A. K. Lobeck – einem Professor der Columbia University – hervorholte. In diesem Buch sei eine Karte abgebildet gewesen, die deutlich bewies, daß der Bruch in der 14. Straße für Eingeweihte tatsächlich eine altbekannte Sache war. Er verlief unter der Brooklyn Navy Yard unter dem East River. Bei der Vierzehnten Straße trat er in die Insel Manhattan ein, verlief unter der Insel schräg nach Nordwesten und etwa bei der Sechsundachtzigsten Straße zum Hudson River. An der Nordspitze der Insel Manhattan soll es noch andere Brüche gegeben haben, wobei sich der nördlichste mit dem Westufer des Harlem-River deckte, und ein zweiter verursachte das Tal, in dem die Dyckman Street verläuft. Ein weiterer – dritter – Bruch liegt bei der Hundertsten und Fünfundzwanzigsten Straße, wo er die Manhattanville-Depression verursachte, über die die Untergrundbahn und der Riverside Drive auf Viadukten geführt wird.[201]

Ist also tatsächlich auch die Ostküste der Vereinigten Staaten erdbebengefährdet? Wird Cayce Recht behalten, und werden die Vereinigten Staaten sowohl im Westen wie im Osten als auch in zentralen Gebieten durch gewaltige Erdbeben teilweise zerstört werden? Wird gleichzeitig Land im Pazifik und im Atlantik auftauchen? Wird uns Atlantis auf schmerzhafte Weise an seine Existenz erinnern? Wird eine dekadente Gesellschaft ihren eigenen Untergang besiegeln, ähnlich wie dies – laut Cayce – damals bei Atlantis der Fall war? Und was wird aus einer der wichtigsten Metropolen dieser Welt – aus New York – werden?

---

[200] Stearn 1967, S. 90/91.

[201] Stearn 1967, S, 91/92.

"Teile der neuen Ostküste von New York oder New York selbst werden in der Hauptsache verschwinden. Es wird eine andere Generation sein wenn auch hier die südlichen Teile von Carolina, Georgia, verschwinden werden. Das wird deutlich früher sein. Die Wasser und Seen werden sich in den Golf von Mexiko entleeren und nicht mehr in den Seeweg, über den kürzlich soviel diskutiert wurde. Es wäre gut, wenn der Seeweg vorbereitet würde, jedoch nicht zu dem Zweck, wie es gegenwärtig überlegt wird. Dann wird die Gegend, wo die ENTITY nun wohnt (Virginia Beach) unter den sicheren Ländern sein, wie Teile dessen, was jetzt Ohio, Indiana und Illinois ist. Sowie viel vom südlichen Teil von Kanada und dem östlichen Teil von Kanada, während das westliche Land zerstört werden wird, wie – selbstverständlich – vieles in anderen Ländern."[202]

Cayce spricht jedoch nicht nur von geologischen Katastrophen. Wie die biblischen Propheten deutet er Unruhen im Nahen Osten an.

"Unfriede wird in dieser Zeitspanne entstehen. Beobachte sie nahe der Davis-Meerenge bei den dortigen Versuchen, die Lebensgrundlage für das Land zu erhalten. Achtet auf sie in Libyen und in Ägypten, in Ankara und in Syrien, durch die Meerengen über jene Gebiete oberhalb von Australien."[203]

"Es wird auch verstanden, begriffen von einigen, daß eine neue Ordnung der Verhältnisse im Entstehen ist; dort muß es eine Säuberung sowohl in den hohen als auch in den niedrigen Regionen geben; und es muß eine größere Beobachtung des Einzelnen geben, so daß jede Seele der Wächter seines Bruders wird. Dann werden sichere Verhältnisse in der Politik und der Ökonomie entstehen, und ganze Gesellschaften, denen eine Ebene größeren Verständnisses zu ihrem Gebrauch zukommen wird."[204]

"Denn Veränderungen kommen, das kann sicher sein – eine Entwicklung oder Revolution in den Ideen des menschlichen Denkens. Deren Grundlage für die Welt wird schließlich aus Rußland kommen. Nicht der Kommunismus, nein. Sondern eher das, was die Basis desselben ist, was Christus lehrte – seine Art von Kommunismus."[205]

Seine Prophezeiungen wurden von Cayce im Jahr 1932 erstmals angedeutet. Damals sprach er in einem Reading von Veränderungen in der Topographie Alabamas. Dort sagte er auch, die Veränderungen würden "sechsunddreißig bis achtunddreißig" beginnen. Die umfassenden Änderungen wurden zwei

---

[202] A.R.E-Information.
[203] Wie Fußnote 195.
[204] Wie Fußnote 195.
[205] Wie Fußnote 195.

Jahre später vorhergesagt. Die beeindruckende – die nun tatsächlich ehemalige Sowjetunion betreffende – Weissagung machte Cayce erst einige Monate vor seinem Tod.

Einige von Cayces Voraussagen haben sich zweifelsohne bewahrheitet. Er sagte die weltweite Wirtschaftsdepression von 1929 sowie den Börsenkrach voraus, weist aber – richtigerweise – darauf hin, daß es ab 1933 wirtschaftlich wieder aufwärts gehen würde. Cayce nannte die Anfangs- und Endjahre der beiden Weltkriege, und er sagte den Zusammenschluß von Deutschland und Österreich während des Krieges voraus, ebenso schien er den Anschluß Japans zu erahnen. Cayce prophezeite den Untergang Hitlers zu einer Zeit, als jener überall Siege feierte. 1932 sagte der Seher den wirtschaftlichen Aufschwung von Virginia Beach und Norfolk für die Zeit um 1957 voraus, und genau zu diesem Zeitpunkt wurde dort der "Hampton-Roads-Bridge-Tunnel" eröffnet und die Arbeiten am "Chesapeake-Bay-Bridge-Tunnel" aufgenommen.[206] Weiter sah Cayce Rassenkonflikte voraus[207], die später eintrafen und die bis heute noch nicht vollständig verstummt sind.

Obwohl uns die absolute Treffsicherheit von Cayces Prophezeiungen beinahe den Atem verschlagen kann, ist es trotzdem offen, ob die Zerstörung New Yorks, die Veränderung Nordeuropas im Handumdrehen und die anderen geologischen Prophezeiungen tatsächlich noch vor Ablauf des Jahres 1998 beginnen werden. Die Vulkanausbrüche in den letzten Jahrzehnten scheinen mir im Vergleich mit Cayces revolutionären Vorhersagen nicht unbedingt geeignet, als der "Beginn" derselben angesehen werden zu können.

Dann gibt es eine weitere Sache, die recht unwahrscheinlich erscheint. Die Demokratisierung Chinas soll ebenfalls während der Periode von 1958-98 zumindest beginnen[208], und eine solche Entwicklung ist bislang kaum erkennbar. Zumindest in einer Sache lag Cayce zunächst daneben. Er hielt Hitlers Beweggrund anfangs für gut, bevor er sich korrigierte und damit dann doch wieder richtig lag![209]

Wir haben bereits von der Vielweltentheorie gehört, also von der Idee, daß es möglicherweise mehrere "Parallele Universen" gibt. Auch der Autor Francis X. King hat sich im Hinblick auf seine Nostradamus-Forschungen mit dieser Theorie auseinandergesetzt. Seine Erkenntnisse könnten jedoch auch für die Bewertung von Cayces Prophezeiungen interessant sein. King stellt sich die Frage, ob die Zeit tatsächlich linear "fließt", oder ob die Zeit nicht eher durch

---

[206] Paturi 1993.
[207] Stearn 1967.
[208] Stearn 1967.
[209] Stearn 1967.

einen “Baum” dargestellt werden kann, in dem der Stamm die Vergangenheit ist, der sich immer wieder in neue parallele “Äste” abspaltet. Das hieße, es gäbe eine Unzahl paralleler Universen, von denen unseres nur eines ist. Unsere Wirklichkeit wäre dann nur eine von vielen Wirklichkeiten, die vor langer Zeit dem gleichen “Stamm” entsprangen, die sich aber mittlerweile unzählige Male verzweigt haben. Die Verzweigungen sollen immer dann stattfinden, wenn ein bewußtes Wesen eine Wahl zwischen zwei oder mehreren Handlungen trifft; es gäbe also nach dieser Theorie eine Unzahl von “Zukünften”.

Diese Theorie könnte so einiges erklären. Wir bedenken, daß einige Prophezeiungen verschiedener Propheten eingetroffen sind – andere wiederum nicht. Wir wissen von Prophezeiungen, die im Ansatz richtig vorhergesagt worden sind, die Ereignisse gingen dann jedoch vollkommen anders aus. Wir wissen, daß beispielsweise der berühmte Seher Nostradamus Eigennamen nennt, die denen echter Persönlichkeiten ähneln, auf die die Prophezeiungen zutreffen könnten, aber letztendlich doch Abweichungen zu den tatsächlichen Namen aufweisen. Dies alles könnte dadurch erklärt werden, daß die Seher nicht in die Zukunft geblickt haben, sondern in eine parallele Gegenwart, in ein Paralleluniversum.

Francis X. King erkennt zwei “Zukünfte”, die ab der heutigen Zeit bei Nostradamus beschrieben werden:

Da ist einmal die Zukunft, in denen Kriege und Naturkatastrophen die Hauptrolle spielen, und die identisch sein dürfte mit der Zeit, die die Bibel “große Trübsal” nennt und in der Cayce große geologische Umwälzungen sieht, und zum anderen die Zukunft, in der Nostradamus ein “Goldenes Zeitalter” sieht, das mit dem 1000-jährigen Friedensreich der Bibel und den Erkenntnissen jener Astrologen und Esoteriker identisch sein dürfte, die eine friedvolle Zeit voraussehen, in der die Sonne im Zeichen des Wassermanns steht. Und auch Cayce spricht von einer neuen friedlicheren Weltordnung.

King vertritt die Meinung, daß mit dem Ende des kalten Krieges und dem weltweit zunehmenden Wunsch, unseren Planeten schonender zu behandeln, der Ast bereits geschaffen ist, und daß wir auf dem Wege in die zweite beschriebene Wirklichkeit sind.[210]

Eine alternative und besser zu fassende Erklärung wäre natürlich die, daß man davon ausgeht, Cayces eingetroffene Prophezeiungen seien schlicht und einfach Zufälle gewesen – wobei die Voraussage, die Rußland betraf, natürlich als “Glückstreffer” bezeichnet werden muß. Bei jenen Prophezeiungen, die bereits zu Cayces Lebzeiten eingetroffen sind, könnte man unterstellen, daß

[210] King 1994.

sie nachträglich so manipuliert wurden, daß es eben “paßte”. Rassenunruhen und Erdbeben im Westen der Vereinigten Staaten sind nicht allzu schwer zu vermuten, und Vulkanausbrüche und Erdbeben in aller Welt könnte es jederzeit geben. Daß Cayce das Alter der Sphinx weit in die Vergangenheit zurückschiebt und danach eine Sintflut “angesetzt” hat, was heute durch Untersuchungen im Ansatz bestätigt wird, wäre demnach als weiterer Zufall zu betrachten, und Cayces viele Heilerfolge wären einzig und allein auf einen Placeboeffekt zurückzuführen. Die beschriebenen noch zu erwartenden gewaltigen Veränderungen in der Welt hätten erstens schon lange beginnen müssen und zweitens seien sie von der Geologie her sowieso unmöglich. Daher werde weder das eine (Katastrophen) noch das andere (eine neue friedliche Weltordnung) eintreten. Wenn man so argumentiert, minimiert man Cayces Treffer natürlich ganz gewaltig, muß aber zugeben, daß eine große Portion an Zufällen und Annahmen einkalkuliert werden muß, will man dieser Argumentation folgen.

Eine andere Möglichkeit, die scheinbare Widersprüche erklären könnte, liefert Cayce selbst. Er sagt, daß die Zukunft des Menschen nicht unabänderlich festgelegt sei. Vielmehr könne man diese durch Gebete beeinflussen. Aber was ist ein Gebet? Da sprechen 2/3 der Weltbevölkerung zu einem Gott, den es gemäß ihrer Religion geben muß, der jedoch nicht “greifbar” ist, und bitten ihn, eine Katastrophe abzuwenden, und dieser Gott spricht dann: “Okay, wenn Ihr keine Katastrophe wollt, dann laß’ ich es eben bleiben!” Ist das das Prinzip des Gebetes? Oder kommt Joseph Murphy (“Die Macht Ihres Unterbewußtseins” und viele andere Bücher und Tonbandkassetten) der Sache näher, wenn er proklamiert, wir würden bei einem Gebet unser Unterbewußtsein ansprechen, das in Bildern denkt? Ein Gebet, das von mehreren Menschen ausgesprochen würde, könne demnach bis ins “kollektive Unbewußte”, von dem schon Carl Gustav Jung sprach, vordringen und somit auch größere Veränderungen bewirken oder verhindern.

Vielleicht wäre mit dieser Interpretation auch der Widerspruch in bezug auf den Untergang von Atlantis zu lösen. Plato und Edgar Cayce sagten, der menschliche Bewohner dieser Erde sei in den letzten Tagen destruktiv und dekadent geworden. Sintflutsagen, wie wir sie in der Bibel oder im Gilgamesch-Epos finden, sagen das gleiche aus. Hat der Mensch sich selbst gerichtet? Hat er in seinem Innersten erkannt, wie tief er gesunken ist, und hat er seinen Untergang selbst “heraufbeschworen”? Spielte sich der von Edgar Cayce immer wieder erwähnte Kampf zwischen “den Söhnen des Gesetzes des Einen” und den “destruktiven Mächten des Belial” in der Seele eines jeden Individuums ab? Wurde der Mensch trotz seines destruktiven Handelns kollektiv von einem schlechten Gewissen geplagt, das dem Unterbewußtsein immer wieder suggerierte, der Mensch habe den Untergang verdient, und somit über das Unbewußte Gedanken ins kollektive Unbewußte eingegeben, die von jenem als "Wunsch" ausgelegt wurden? Ist dieses kollektive Unbewußte gar mächtig genug, um die Vernichtung einer menschlichen Rasse mittels eines astronomischen Körpers herbeizuführen?

Und ist es heute nicht ähnlich? Ist nicht allerorten eine Selbstnegierung zu spüren? Ist es nicht so, daß viele Menschen davon überzeugt sind, daß gewisse Erfindungen der letzten Jahrzehnte zum Ende der Menschheit führen könnten? Sind nicht viele – vor allen Dingen religiöse – Menschen, der Ansicht, eine Vernichtung der jetzt lebenden "bösen" Menschheit sei eine gerechte Strafe für die Frevel, die der Mensch seiner eigenen Rasse und der Umwelt antut? Ist dieses Negativdenken am Ende mindestens genauso gefährlich wie die unseligen Erfindungen und die Machenschaften skrupelloser Machthabender?

Hat Cayce am Ende recht, wenn er sagt, die Zukunft der Menschheit sei nicht unabänderlich festgelegt, sondern man könne mit Gebeten den Lauf der Zeit beeinflussen? Kann man durch positives kollektives Denken künftige Katastrophen verhindern? Kann man die Macht des Unterbewußtseins dazu einsetzen, gewisse Machthaber davon abzuhalten, gewisse Waffen einzusetzen oder Menschen zu foltern? Ist das kollektive Unterbewußtsein, das Murphy mit "Gott" gleichsetzt, so mächtig, daß es eine dem Untergang geweihte Rasse vor der Vernichtung bewahren kann und daß es vielleicht gar astronomische Körper von der Erde fernhält? Cayce sprach von vielen geistigen Kräften, die die Atlanter hatten. Er sprach von Telepathie, Levitation und vielem mehr. Besitzen wir diese Kräfte ebenfalls und sind uns dessen nur nicht bewußt? Ist eine gewaltige Umstrukturierung des Denkens erforderlich? Meint Edgar Cayce etwas derartiges, wenn er sagt: "Es muß im Bewußtsein der Menschen zu Veränderungen kommen." Liegt es an uns, ob die Katastrophen eintreten oder nicht?

Eine noch abenteuerlichere These könnte ebenfalls erklären, warum manche Prophezeiungen bis ins Detail eingetreten sind, während andere nur im Ansatz richtig und wieder andere vollkommen falsch waren. Und wenn ich in diesem Zusammenhang von "Prophezeiungen" spreche, dann meine ich hier nicht nur die des Edgar Cayce, sondern auch viele andere. Nostradamus, viele biblische Propheten und Jeanne Dixon, um nur einige zu nennen, sind ebenfalls dadurch aufgefallen, daß sie manchmal genau ins Schwarze trafen und dann wieder versagten und daß manchmal nur richtige Ansätze erkennbar waren.

Der weltbekannte Physiker Stephen W. Hawking vertrat noch vor wenigen Jahren die Ansicht, Zeitreisen seien nicht möglich. Im Jahre 1996 überraschte dieser Physiker mit der Aussage "Zeitreisen sind theoretisch möglich". Hawking war zuvor ein erbitterter Gegner des Zeitreise-Gedankens. Der Gedanke an eine solche Möglichkeit war ihm ein Gräuel. Und plötzlich kommt Hawking nicht mehr umhin, zumindest die theoretische Möglichkeit von Zeitreisen anzuerkennen. In seinem Bestseller "Die Geschichte der Zeit" hat er extra ein neues Kapitel eingefügt, das dieses Thema behandelt. Und wenn Zeitreisen "theoretisch möglich sind", liegt es dann nicht nahe, daß sie irgendwann auch praktisch möglich sein werden?

Kann nach den neuesten physikalischen Erkenntnissen gänzlich ausgeschlossen werden, daß Besucher aus der Zukunft zuweilen hier waren/sind/sein werden, die den Lauf der Dinge veränderten? Wäre es dann nicht logisch, daß die Medien Schwierigkeiten haben, in die Zukunft zu sehen, wenn diese hin und wieder manipuliert wird? Sehen die Medien in eine Zukunft, wie sie sein würde, wenn keine Manipulationen stattgefunden hätten, und wird sie durch eben diese – zeitlich nach dem Aussprechen der Prophezeiungen – erst verändert?

Letztlich wissen wir nichts über die Zukunft. Wir können nur spekulieren. Wir wissen nicht, welche Prophezeiung eintreffen wird und welche nicht. Wir wissen nicht einmal mit Sicherheit, ob überhaupt irgendeine Prophezeiung jemals wirklich eintreffen wird bzw. eingetroffen ist oder ob scheinbar eingetroffene Prophezeiungen vielleicht nicht doch auf Zufall beruhten.

Aber ebenso unbekannt wie die Zukunft ist uns auch die ferne Vergangenheit. Wie sind wir entstanden? Wurden wir von einem allmächtigen Gott erschaffen, oder sind wir nur eine im Rahmen der Evolutionsgeschichte notwendig gewordene Entwicklung, oder wurden wir gar von Außerirdischen geschaffen? Aber – wenn ja – wer schuf jene?

Auch bezüglich unserer Vergangenheit können wir nur spekulieren, und ich werde mich nicht scheuen, genau dies zu tun.

Kapitel 9: Die Erschaffung des Menschen

Was sagen die Religionen? ∴ Was sagt die Wissenschaft? ∴ Die merkwürdige Philosophie des Edgar Cayce ∴ Die Wohnstätte des Menschen war damals die obere Sahara...

Es ist noch gar nicht so lange her, da war die gängige Lehrmeinung in der westlichen Welt, die Schöpfungsgeschichte der Bibel sei das non plus ultra. Für die Dauer langer Jahrhunderte galt sie als unumstößliches Dogma. Ein allmächtiger Gott habe innerhalb von fünf Tagen die Erde, die Trennung zwischen Erde und Himmel, Land und Meer, die Pflanzen und die Tiere geschaffen.

Am sechsten Tage habe Gott den Menschen geschaffen, aus dessen Rippe er die Frau als Gegenstück zum Mann geformt habe. Die Erschaffung des Menschen wird in der Bibel doppelt geschildert.[211] Der Mensch sei in ein Paradies gesetzt worden, um über die Tiere und die Pflanzen zu herrschen. Nur nebenbei wird erwähnt, daß der Mensch das Land bebauen sollte.[212]

Und dann kam es zu einer harten Prüfung. Da waren zwei Bäume im Garten, die von besonderer Art waren. Der "Baum der Erkenntnis des Guten und des Bösen", von dem der Mensch nicht essen durfte und der "Baum des Lebens". Eine Schlange verführte die Frau jedoch dazu, vom "Baume der Erkenntnis des Guten und des Bösen" zu essen, und tatsächlich – sie aß. Und sie gab ihrem Mann von dem Apfel. Gott hatte beiden zuvor die Todesstrafe für diesen Fall angedroht, verwies sie nun nach einer Standpauke aus dem Paradies. Außerhalb desselben wurden sie alt und starben erst dann.

Abgesehen davon, daß dieser Bericht sich mit keinerlei wissenschaftlicher Erkenntnis deckt, stecken auch einige Merkwürdigkeiten in dem Text. Da ist ganz am Anfang von den "Elohim", also von "den Göttern" die Rede, während später nur noch von "Gott", also einem einzelnen Wesen, die Rede ist. Bibelfundamentalisten sehen dies als einen Hinweis auf die erst später im neuen Testament beschriebene Dreieinigkeit, die aber selbst bei Bibelkennern als umstritten gilt. Die die Dreieinigkeit beschreibenden Stellen sind entweder nicht klar ausgedrückt oder wurden erst später ins Neue Testament eingefügt. Dies aber nur nebenbei.

---

211 Siehe 1. Mose 1 und 2.

212 1. Mose 2.15.

Von Bibelfundamentalisten und Zeugen Jehovas wird uns immer glauben gemacht, daß damals im Garten Eden tatsächlich paradiesische Zustände herrschten. Die Stelle, an der es so nebenbei heißt, der Mensch solle den Garten bebauen, wird verschwiegen.

Dann ist da die Sache mit der Todesstrafe. “An dem Tage, an dem Ihr von dem Baume esset, werdet Ihr des Todes sterben”. Adam und Eva starben aber nicht. Hat Gott gelogen? Hier beginnen selbst Fundamentalisten zu interpretieren. An anderer Stelle in der Bibel, in einem ganz anderen Zusammenhang, steht geschrieben, tausend Jahre seien für Gott wie ein Tag und ein Tag sei für ihn wie tausend Jahre. Folglich seien Adam und Eva ja tatsächlich innerhalb dieser Zeitspanne von 1000 Jahren gestorben, ansonsten hätten sie von dem Baum des Lebens gegessen und ewig gelebt!

Merkwürdig ist aber, daß Gott die Abschiebung aus dem Paradies u.U. auch damit begründet, sie würden im Falle des Verbleibes darin womöglich noch vom Baum des Lebens essen und ewig leben.

Hat Gott hier den Überblick verloren? Ist es möglich, daß ein allmächtiger Gott einen solchen Schritt übersehen – und falls doch geschehen – nicht wieder rückgängig machen kann? Wie ist es möglich, daß Gott offensichtlich Angst hat? Und der Gipfel der Absurdität ist die Aussage, Gott ginge in der Abendkühle im Garten spazieren. Gott, der später im Himmel wohnte und der als allmächtig und unnahbar galt.

Kein Wunder, daß Vertreter der Paläo-SETI-These davon ausgehen, daß es sich bei diesen Göttern um humanoide Wesen gehandelt habe, genauer gesagt um Außerirdische.[213] Diese hätten den Menschen gezeugt und in ein bestimmtes Gebiet gesetzt, um für sie – die Außerirdischen, die vermeintlichen Götter – zu arbeiten. Und als der Mensch aufsässig wurde, wurde er vertrieben, bzw. seine Vernichtung durch die Sintflut wurde beschlossen.

Vielleicht stellt die Schöpfungsgeschichte auch nur ein stark modifiziertes Bild aus den letzten Tagen von Atlantis dar, in denen die Machthabenden von Atlantis die Welt kolonialisiert haben und für sich arbeiten ließen.

Die heute allgemein akzeptierte Lehrmeinung ist jedoch die, daß es sich bei der Schöpfungsgeschichte um einen Mythos ohne realen Hintergrund handelt. Der Mensch hat eben versucht, seine Entstehung zu ergründen, und da er es nicht besser wußte, griff er zum Mittel der Religion.

Wenn diese These zutrifft, dann hätte man meines Erachtens Gott nicht so menschlich aussehen lassen dürfen, und in das ansonsten romantische Bild

---

[213] Siehe hierzu beispielsweise Fischinger 1997.

eingestreute Bemerkungen wie die, der Mensch solle den Garten für Gott bebauen, hätte man sicher weggelassen.

Wie dem auch sei, die Wissenschaft hat in unserer Gesellschaft die Rolle der Religion abgelöst. Seit Charles Darwin "wissen wir", daß der Mensch ein Produkt des Zufalls ist. Da die heute allgemein anerkannte Evolutionstheorie allgemein bekannt ist und nur bedingt zum Thema gehört, hier nur eine kurze Zusammenfassung derselben. Das Leben auf der Erde habe sich durch "Zufall" aus einer Ursuppe entwickelt, und die ersten Lebewesen seien recht primitiv gewesen – sie waren Einzeller. Später entwickelte sich das Leben immer weiter. Stärkere Rassen überlebten, und schwächere wurden ausgerottet, bis schließlich aus den sogenannten Primaten einerseits die Affen und andererseits der Mensch hervorgingen.

Abgesehen davon, daß das letzte Bindeglied zwischen den Primaten und dem Menschen noch nicht eindeutig eruiert werden konnte, ist hier nur von der physischen Entwicklung die Rede. Worte wie "Seele" fehlen gänzlich. Das Bewußtsein habe sich eben als neurologisches Funktionsprinzip irgendwann im Laufe der Entwicklung der höheren Säuger mitentwickelt. Die Rolle Gottes wird durch den "Zufall" abgelöst, ein nicht minder schwer faßbarer Begriff.

Es gab immer wieder Evolutionisten, die Gott in die Evolutionsthese einbauen wollten. Schließlich könnte ja Gott den Prozeß der Evolution in Gang gesetzt haben. Diese These wurde jedoch von keiner Seite ernst genommen. Warum sollte ein allmächtiger Gott einen so langwierigen Prozeß in Gang setzen, um das zu schaffen, was er letztendlich erreichen will?

Als ich erstmals die Philosophie Edgar Cayces über die Evolution der menschlichen Seele las, kam mir das alles sehr suspekt vor. Mittlerweile denke ich, diese Philosophie ist zumindest interessant genug, um sich Gedanken darüber zu machen, ob sie nicht eine denkbare Ergänzung zu dem ist, was wir heute wissen. In Cayces Ausführungen steckt eine komplexe Symbolik.

Cayce begann mit seiner Beschreibung – wie die Bibel – am Anfang. Er sagt: *"Im Anfang war ein Meer des Geistes, das allen Raum erfüllte. Es war still, zufrieden und seiner selbst bewußt, wie ein Riese, der am Herzen seines Denkens ruhte und sein Wesen betrachtete."*[214]

Hier fällt einmal auf, daß dieser "Urgeist" nicht mit "Gott" gleichgesetzt wird, sondern als ein Meer beschrieben wird, und es fällt auf, daß dieses Meer des Geistes, das "im Anfang" existierte, bereits ein Bewußtsein hatte.

---

214 Sugrue 1981, S. 361.

Cayce beschreibt weiter, wie sich dieses Meer des Geistes plötzlich bewegte und in sich selbst zurückzog – solange, bis der Raum leer war. Was ihn erfüllt hatte, leuchtete nun aus seiner Mitte – der nun ruhelose und brodelnde Geist. Offenbar beschreibt Cayce hier die Entwicklung Gottes! Denn es heißt: *"Dies war die individuelle Existenz des Geistes; dies war, was zu sein es sich selbst entdeckte, als es erwachte; dies war Gott."*[215]

Und dieser Gott verlangte nun nach Gesellschaft – er wollte sich ausdrücken, und das war der Grund, warum er aus sich den Kosmos und die Seelen projizierte. Der Kosmos war aus Werkzeugen wie "Musik", "Geometrie" und "Arithmetik" zusammengesetzt. Ein von Gott erstmals ausgesandter Gedankenstrahl schuf durch die Veränderung von Wellenlänge und Schwingungsfrequenz das Muster verschiedener Formen, Substanz sowie Bewegung, wodurch der Kosmos vielfältig wurde.

Und jede dieser Formen trug den Plan ihrer Entstehungsgeschichte in sich. Die Evolution der Arten mußte nach Cayce sowohl durch Wachstum (oder Veränderung) als auch durch die Bewegung vollzogen werden.

Im Laufe vielfältiger Entwicklungsstadien der Form und der Substanz veränderte und bewegte sich die Schöpfung. Das Gesetz von Abstoßung und Anziehung, das Prinzip von positiv und negativ – all dies war ein Teil aus Gott, ein Ausdruck seines Denkens, der die Aufrechterhaltung und die Gestalt der Dinge bewirkte. Der Geist war die Kraft, der es vorantrieb. Er führte die Gedanken Gottes aus.

Die Seelen wurden geschaffen, um Gemeinschaft mit Gott zu haben. Gott verwendete hierzu eigene "Muster": Geist, Gemüt, Individualität, Ursache, Tat und Wirkung. Erst kam der Geist, und dann kam die Aktion, die den Geist in sich selbst zurückzog, und dann war die resultierende Individualität – Gott.

Die Seele wußte, daß sie eins mit Gott war, sie besaß das Prinzip des Gemüts, und sie hatte die Fähigkeit, diese Aktivität außerhalb von Gott zu erleben. Das neu entstandene Geschöpf – die Seele – besaß den freien Willen, denn sonst hätte es keine eigene Individualität. Der Kern der Seele war im Gleichgewicht, d.h., die positive und die negative Kraft waren gleich groß. Dies bedingte eine harmonische Aktivität: das Positive einleitend, befruchtend und vorwärtsdrängend und das Negative empfangend, nährend und hinausstoßend. Die Stufen der Tat waren die Stadien des Denkens: Wahrnehmung, Reflexion und Meinung.

---

[215] Sugrue 1981, S. 362.

Konkret ausgedrückt bestand die Seele aus zwei Bewußtseinszuständen: einmal aus dem Geist, der das Wissen um die Identität mit Gott hatte, und zum zweiten aus dem Geist des neuen Individuums – dem Geist des Geschöpfes, das um das wußte, was es als solches erlebt hatte.

Der Plan der Seele war ein Zyklus von Erfahrungen. Sie wollte in ihrer Eigenschaft als neues Individuum die Schöpfung in all ihren Aspekten kennenlernen. Wenn das Verlangen des Willens nicht mehr verschieden vom Denken Gottes wäre, sollte dieser Kreis geschlossen sein. Dann würde das Bewußtsein des neuen Geschöpfes mit dem Bewußtsein seiner Identität mit Gott verschmelzen. Die Seele wäre – durch die gewünschten Erfahrungen bereichert – zu ihrer Quelle, zu Gott, zurückgekehrt, und sie würde dessen Gefährte sein.

Nun könnte die Seele ihr Bewußtsein einer eigenen Individualität behalten, wäre sich ihres freien Willens bewußt und wäre trotzdem wieder ein mit dem Schöpfer vereinter Teil Gottes.

Nun ist die Seele jedoch noch in ihrem Stadium der Erkundung der Schöpfung außerhalb Gottes, und Gott tat und tut nichts, um den freien Willen zu zügeln.

Am Anfang war der Unterschied zwischen dem Bewußtsein des neuen Geschöpfes und Gott noch klein – der freie Wille beobachtete den Fluß des Geistes. Später übte sich die Seele im Nachahmen. Sie erlangte Erfahrung und wurde zu einer komplementären Kraft. Sie half, die Schöpfung zu erweitern und zu regeln.

Bestimmten Seelen schien diese Macht zu Kopfe zu steigen, und sie begannen damit zu experimentieren. Sie mischten sich unter den Staub der Sterne und die kosmischen Sphärenwinde und wurden dadurch Teil von ihnen. Nun kam es dazu, daß entweder die positive oder die negative Kraft überbetont wurde. Um etwas zu fühlen, brauchte man die negative Kraft, um sich jedoch durch etwas auszudrücken oder um etwas zu lenken, war die positive Kraft erforderlich. Weiter wurde allmählich die Verbindung zwischen den beiden Zuständen des Bewußtseins – einmal das "Gottesbewußtsein" und einmal das "individuelle Bewußtsein" – geschwächt. Letzteres begann, sich mehr um seine eigenen Schöpfungen als um die Schöpfung Gottes zu kümmern.[216]

Cayce bezeichnete dies als den Aufstand der Engel, wodurch die Bibeltradition, in der er aufgewachsen war, wieder zum Vorschein kam.

Um in einen weiteren Teil der Schöpfung einzugehen, mußten die Seelen einen dritten Bewußtseinsaspekt annehmen. Es ging darum, einen Teil der Schöpfung zu erleben und dieses Erlebte mit Hilfe des Denkens in die

---

[216] Sugrue 1981, S. 362 u. 363.

Grundsubstanz des Gemüts umzusetzen. Dieser Aspekt ist das, was der Mensch als "Bewußtsein" schlechthin empfindet. Es ist seine Erfindung. Und mit dieser Erfindung kann der Mensch die Erde erleben: Es handelt sich um den physischen Körper, die fünf Sinne, das Drüsen- und das Nervensystem. Und wenn eine Seele dieses Bewußtsein eines Teils der Schöpfung annahm, dann trennte sie sich vorübergehend vom Bewußtsein ihrer eigenen Individualität und entfernte sich noch weiter vom Bewußtsein des Geistes. Nun trug sie nicht mehr zum Strom der Schöpfung bei, sondern schwamm mit dem Strom mit – ein Teil des Schöpfers wurde zur Schöpfung.[217]

Cayce ging auch auf die Entwicklung der Seelen auf anderen Planeten ein, was uns aber an dieser Stelle weniger interessiert.

Jedenfalls war die Erde *ein* Ausdruck des göttlichen Geistes. Sie hatte ihre eigenen Gesetze, ihren eigenen Plan und ihre eigene Evolution. Viele Seelen verlangten danach, die Schönheit der Meere, der Winde, des Waldes und der Blumen zu fühlen, und so vermischten sie sich mit jenen und drückten sich durch sie aus. Die Seelen mischten sich auch unter die Tiere, ahmten Gedankenformen nach und wirkten dadurch gestaltend. Sie spielten Schöpfer und ahmten Gott nach. Ihr Spiel griff in eine sich bereits bewegende Entwicklung ein, und der Gemütsstrom, der zur Erfüllung des Erdenplanes floß, zog allmählich Seelen in seine Strömung, und sie folgten ihm, ja sie mußten ihm folgen – in den Körpern, die sie selbst geschaffen hatten.

Cayce berichtet von merkwürdigen Körpern: Von Mischungen verschiedener Tiergestalten und einem Flickwerk von Vorstellungen darüber, was wohl ein angenehmer Körper wäre, den man bewohnen könnte. Die Sagen und Fabeln von Zyklopen, Zentauren und den verschiedensten Mischwesen sind gemäß Cayce Erinnerungen an diesen Anfang der Seelen auf Erden.

Es gab bereits verschiedene Geschlechter in der Tierwelt. Die Seelen in ihrer Gedankenform waren jedoch androgyn. Aber auch sie wollten das Geschlecht erleben – und so schufen sie Gedankenformen für Gefährten. Sie isolierten die negative Kraft in ihrer eigenen Form und behielten die positive in sich. Und diese Vergegenständlichung erhielt einen Namen: Lilith – die erste Frau. Nun hatten sich die Seelen vollkommen in der Materie verstrickt, was Gott jedoch vorausgesehen hatte.

Nun wurde ein Ausweg für die Seelen, die in der Materie verstrickt waren, vorbereitet. Eine bestimmte Form wurde ausgewählt, die als Vehikel für die Seele auf Erden dienen sollte. Der Weg wurde nun frei für Seelen, die auf die Erde kommen wollten, um hier im Rahmen ihres Zyklus Erfahrungen zu

[217] Sugrue 1981, S. 363-366.

sammeln. Man schaute sich um und stellte fest, daß die Körper der Menschenaffen dem gewünschten Muster am nächsten kamen. Nun stiegen die Seelen auf diese Affen hernieder, blieben jedoch mehr um und über sie. Sie stiegen nicht in sie hinein – aber sie beeinflußten die Affen. Sie sollten sich nun höhere Ziele setzen, als dies bisher der Fall war. Und so kamen die Affen von den Bäumen herunter und legten Feuerstellen an. Sie stellten Werkzeuge her und kommunizierten miteinander. Schon bald verloren sie ihr tierisches Aussehen und ihre Körperbehaarung und nahmen ein feineres und menschlicheres Benehmen an. Die Seelen arbeiteten solange an den Drüsen, bis der Körper der Affen eine Vergegenständlichung, eine materielle Entsprechung der über ihm schwebenden Seele war. Schließlich senkte sich die Seele in den Körper – und es entstand: Der Mensch![218]

Hierzu einige interessante Readings:

Frage 5: 'Sind die fünf Rassen gleichzeitig aufgetaucht?'

Antwort 5: 'Auf einmal.'[219]

Frage 7: 'Sind die folgenden Orte die richtigen? Hat die rote Rasse in Atlantis gelebt?'

Antwort 7: 'Atlantis und Amerika, die rote Rasse.'

Frage 8: 'Und die schwarze Rasse in Nordafrika?'

Antwort 8: 'Der westlichere Teil von Oberägypten für die schwarze Rasse. Aber mit den Umwälzungen, als es zu den Aufständen in Atlantis und der Auswanderung nach Süden kam, als die Achse sich gewendet hat, ist die weiße und gelbe Rasse mehr in diesem Teil Ägyptens, Indiens, Persiens und Arabiens gelangt.'[220]

'... die weiße Rasse eher in den Karpaten als in Indien... der südliche Teil von Europa und Rußland wie auch Persien und diese Gegenden. Die kaukasischen Berge.'[221]

Ein besonders interessantes Reading ist das folgende:

"Die Wohnstätte des Menschen war damals in der Sahara und der Gegend am Oberen Nil, als das Wasser in den heutigen Atlantik floß, nicht aber nach Norden."[222]

---

218 Sugrue 1981, S. 263-368.
219 Reading Nr. 364/13 v. 17 Nov. 1932; nach Cayce/Evans, Schwarzer, Richards 1978.
220 Wie Fußnote 219.
221 Wie Fußnote 219.
222 Reading Nr. 5748/1 v. 28. Mai 1925 nach Cayce-Evans, Schwarzer, Richards 1978.

"... Der Nil (oder Nol damals) ergoß sich in das, was jetzt der Atlantische Ozean ist, und zwar auf der Seite des Landes, wo auch der Kongo ins Meer mündet."[223]

1925 behauptete Edgar Cayce, daß die Wüste Sahara einst fruchtbar und von Flüssen durchsetzt gewesen war. Unsere Wissenschaft weiß dies erst seit einigen Jahren definitiv!

Die NASA schreibt über das Radarbild P-45719 vom 1. Juni 1995, das die Region Wadi Kufra in Libyen zeigt:

"Die Fähigkeit eines hochentwickelten Radarinstrumentes, unter der Verwendung verschiedener Frequenzen ausgedehnte Weltgegenden vom Weltraum aus abzubilden, die eine trockene Sandoberfläche durchdringen können, machen die Entdeckung auf diesem Bild möglich: ein früher unbekannter Arm eines alten Flusses, der seit Tausenden von Jahren unter dem vom Winde verwehten Sand in einer Region der Saharawüste in Nordafrika begraben liegt. Diese Gegend liegt nahe der Kufra-Oase in Südostlibyen und ist auf $23{,}3^0$ nördliche Breite und $12{,}9^0$ östlicher Breite zentriert. Das Bild wurde durch das Spaceborn Imaging Radar-C/X-Band Synthetic Aperture (SIR-C/X-SAR) gewonnen, als es am 4. Oktober 1994 an Bord des Space Shuttles "Endevour" auf seinem sechzigsten Orbit flog. Das SIR-C-Bild zeigt ein System aus alten jetzt inaktiven Stromtälern, die "paleodrainage systems" genannt werden und die während Perioden eines fruchtbareren Klimas fließendes Wasser nordwärts durch die Sahara trugen. Die Region ist jetzt staubtrocken, erhält lediglich ein paar Millimeter Regen im Jahr, und die Täler sind nun trockene "wadis" oder Kanäle, die meist im vom Winde verwehten Staub vergraben liegen. Vor der SIR-C-Mission war der Westarm seines Paleodrainage-Systems, die als das Wadi Kufra bekannt waren (der dunkle Kanal entlang der linken Seite des Bildes) anerkannt, und vieles von seinem Lauf war umrissen. Der breitere Ostlauf des Wadis Kufra, der vom oberen Zentrum zur rechten Ecke des Bildes verläuft, war jedoch unbekannt, bis die SIR-10 Imaging Radarinstrumente seine Dimensionen skizzieren konnten – mindestens fünf Kilometer weit und einhundert Kilometer lang. Die beiden Arme bei Kufra strömten bei der Kufra-Oase zusammen, dem Haufen kreisförmiger Felder oben auf dem Bild. Die Landwirtschaft bei Kufra hängt von der Spülung durch das Wasser aus dem Nubian Aquifer System ab. Das Paleodrainage-Muster, das durch SIR-C enthüllt wurde, legt nahe, daß die Lokalisierung produktiver Quellen am Zusammenfluß der alten Flußtäler kein Zufall war. Ganz ähnlich funktioniert die Wasserversorgung der Kufra Oasis durch die

[223] Reading Nr. 276/2 v. 20. Februar 1931 nach Cayce-Evans, Schwarzer, Richards 1978.

Wiederbeladung durch episodischen Ablauf und durch Grundwasser, das sich nordwärts in die alten Stromkanäle ergießt. Regenfälle waren in dieser Region des während Teilen des späteren Quartär ergiebiger, als die Steinzeit (altsteinzeitlich und später jungzeitlichen)-Menschen ihre Werkzeuge entlang der Flußbänke hinterließen. Die SIR-C-Bilder, die deutlich Flußläufe zeigen, die in das sie umgebende Grundgebirge eingeschnitten sind, stellen eine "Straßenkarte" für Geoarchäologen zur Verfügung, um Artefakte zu lokalisieren und um die Geschichte der frühen Menschheit und der klimatischen Bedingungen in dieser Region einzuschätzen. Das gezeigte Gebiet mißt 110 km mal 78 km. Norden ist gegen oben links..."[224]

Soweit ein offizieller NASA-Text, der eine Radaraufnahme aus dem Jahre 1995 beschreibt.

"Die Wohnstätte des Menschen war damals in der Sahara..." (Edgar Cayce im Jahre 1925...)

Wenn wir nun zu Edgar Cayces Philosophie zurückkehren wollen, dann ging es nach all dem, was wir zuvor beschrieben haben, für die Seele nun darum, die Versuchungen der Erde zu überwinden. Es sollte so sein, daß die Seele im Körper ebenso frei wäre wie außerhalb desselben. Erst dann, wenn der Körper kein Hindernis für den freien Ausdruck der Seele mehr ist, ist der Erdenzyklus für die Seele beendet.

In den neuen reinen Rassen gab es männliche und weibliche Exemplare, und beide hatten vollständige Seelen. An der Stelle Liliths wurde nun Eva die Ergänzung für Adam – sie war der ideale Gefährte für das Leben auf der Erde, was sowohl das physische als auch das geistige und das spirituelle Leben betraf – gesetzt.

Je mehr das Bewußtsein wuchs, desto mehr erkannte der Mensch, daß ihm das Geschlecht mehr bedeutete als den Tieren. Es war das einzige Mittel, durch das die in der Falle sitzenden Seelen aus ihrer mißlichen Lage würden herauskommen können: indem sie wiedergeboren würden durch die Körper von Seelen, die aus freier Wahl die Erde bewohnten. Jene Körper waren nicht durch Tiere oder Gedankenformen belastet. Sie stellten ein ideales Vehikel für die Seele auf Erden dar. Dieses Mittel war anderswo im Sonnensystem nicht notwendig gewesen.[225]

Edgar Cayce spricht von Leben im Sonnensystem in anderen Dimensionen, er spricht von der Erde als der "dritten Dimension", und im Gegensatz zu der Aussage, daß der Mensch in seiner Frühzeit in der Sahara gewohnt habe, was

---

[224] http://www.jpl.nasa.gov/radar/circxsar/wadik/html – vgl. auch das entsprechende Bild im Bildteil.

[225] Sugrue 1981, S. 368 u. 369.

mit modernen wissenschaftlichen Mitteln bestätigt wurde, scheint dieser Aussagenkomplex wieder bedeutend weniger glaubwürdig zu sein.

Cayce beschreibt das Geschlecht als eine schöpferische Kraft, die zum Guten und zum Bösen gebraucht werden konnte. Würde man sie in rechter Weise verwenden, dann würde die Rasse reingehalten, und die Erde wäre ein Paradies für Seelen in vollkommenen Körpern – die gefangenen Seelen könnten aus ihrem Zyklus der Wiedergeburt in monströsen und halbtierischen Körpern befreit und mit perfekten Körpern ausgestattet werden. Cayce hierzu wörtlich: *"Das ist die Geschichte von Adam und Eva, der Schlange und dem Apfel. Die Schlange – die Weisheit – bot die Frucht vom Baume des Wissens um Gut und Böse an. Eva, die negative aufnehmende Kraft, nahm und aß sie. Als Adam, die aktive Kraft, daran teilhatte, war das friedvolle, paradiesische Tierleben des Menschen zu Ende."*[226]

Ich denke, spätestens hier wird klar, daß Cayces Bibeltradition bei der Erläuterung seiner Philosophie eher im Weg war. Immer wieder verglich er irgendwelche Vorgänge mit Dingen, die in der Bibel beschrieben werden, z.B. dem Fall der Engel. Vermutlich wurden die Informationen, die einmal aus authentischen Quellen (sei es die Akasha-Chronik, seien es tatsächliche Rückerinnerungen seiner Klienten oder eigene Erinnerungen) erhalten hatte, sowohl durch diese Dinge, die er von seiner Bibeltradition im Kopf hatte, als auch durch zu seiner Zeit gängige esoterische und theosophische Lehrmeinungen verwässert. Aufgrund seiner z.T. jedoch im Gegensatz zu jenen Quellen verhältnismäßig klaren Aussagen kommt Cayce möglicherweise der Wahrheit, was unseren Ursprung und den Zweck unseres Daseins betrifft, von allen Weltanschauungen am nächsten.

Wenn wir Cayces Philosophie weiter verfolgen, werden wir weiter auf christliche Symbolik stoßen. Der Heiler geht weiter auf den Plan für den Erdenzyklus des Menschen ein und beschreibt, daß dieser eine Reihe von Inkarnationen vorsah. Zwischen diesen Verkörperungen sollte es Zeiten geben, in denen sich die Seelen in anderen Bewußtseins-Dimensionen des Sonnensystems, nämlich den Planeten, aufhielten, bis schlußendlich jede Handlung und jeder Gedanke des menschlichen Körpers im Einklang mit jenem Plan stand, der ursprünglich der Plan der Seelen war. Wenn der Körper endlich kein Hindernis für die Möglichkeit der Seele mehr war, sich frei auszudrücken, wenn das Bewußtsein mit dem Unterbewußtsein des Menschen verschmolzen war und wenn die atomare Struktur des Körpers ebenso unter Kontrolle ist wie ohne den Körper, erst dann wird der Zyklus der Erdenleben vollendet sein, und die Seele kann

[226] Sugrue 1981, S. 369.

weiterziehen zu neuen Abenteuern. Aber diese gänzliche Eroberung des menschlichen Körpers konnte sich erst dann vollziehen, wenn die Vollkommenheit in den anderen Bewußtseinsdimensionen dieses Sonnensystems erreicht wäre, da diese zusammen mit der Erde der ganze Ausdruck der Sonne und ihrer Satelliten war. Der Bewußtseinszustand, den die Seele annahm, wurde zu ihrem Aktivitätszentrum. Die anderen Bewußtseinszustände traten zurück und hatten von nun an nur noch eine Bedeutung als Einflüsse und Triebe.[227]

Nun bricht wieder der Bibelhintergrund bei Cayce durch. Er sagt, daß die Menschen von einer Seele aufgezogen worden seien, die ihren Zyklus von Erfahrungen in der Schöpfung bereits vollendet habe, so daß diese zu Gott zurückkehren und ebenfalls als Schöpfer wirken konnte. Diese Seele nennt Cayce: Christus.

Diese Christusseele hätte das Eindringen der reinen Rasse überwacht und – lt. Cayce – selbst von Zeit zu Zeit Gestalt angenommen, um den Menschen als Führer zu dienen.

Die Seelen bewohnten den Körper zunächst nur leicht und erinnerten sich an ihre Identität, doch mit der Zeit stiegen sie immer weiter ins Irdische hinab und hinein. Das Irdische ist eine Region, in der es weniger Geistiges und weniger Bewußtsein um die Kraft des Gemüts gibt. Nur in Träumen und Erzählungen, die von Generation zu Generation weitergegeben wurden, erinnerten sie sich noch an ihr eigentliches wahres Selbst. Die Religion entstand als ein Ritual des Sehnens nach verlorenen Erinnerungen. Künste, die von neu herabkommenden Seelen gebracht wurden, wurden geboren – ihre himmlische Quelle war jedoch vergessen.

Der Mensch entwickelte nun ein Bewußtsein, das von seiner eigenen Individualität und Identität getrennt war. Die Individualität sollte folglich nur noch unterschwellig als Unterbewußtsein dienen, und es war nur im Schlaf frei.

Mit seinem Bewußtsein dachte der Mensch logisch. Er baute sich Theorien auf für alles, was er fühlte. Was er einst wußte, hatte er längst vergessen. Die Philosophie und die Theologie entstanden. Der Mensch entdeckte Geheimnisse, die er in sich selbst trug, zu der er jedoch keinen bewußten Zugang mehr hatte. Die Wissenschaft entstand. Schließlich glaubte der Mensch nur noch das, was er sehen konnte, und – ganz unten angekommen – begann er, sich seinen Weg nach oben zu erkämpfen. Hierzu brauchte er jedoch die Mittel, die er hinter sich gelassen hatte: Leiden, Geduld, Glauben und die Kraft des Gemüts.

---

[227] Sugrue 1981, S. 369 u. 170.

Der Mensch war zeitweise etwas besser und zeitweise etwas schlechter, Kulturen kamen und gingen. Lemuria und Atlantis versanken.

Eine Hilfe auf ihrem Weg zurück nach oben hatte der Mensch in der Christusseele. Sie habe sich als Henoch und als Melchisedek inkarniert und leitete und lehrte den Menschen. Nachdem die Christusseele diese beiden Leben – Henoch und Melchisedek wurden nicht geboren und starben nicht – hinter sich hatte, erkannte sie, daß sie dem Menschen ein Muster geben müsse, um ihm den Weg zurück zu sich selbst zu weisen. So machte die Christusseele mehrere Inkarnationen durch – von Joshua bis Jesus. Als Jesus habe er das Ego des Willens abgelegt, die Kreuzigung angenommen und sei zu Gott zurückgekehrt; habe den Weg beschritten, den wir alle gehen sollten.[228]

Auch hier scheint es sich wieder um einen Versuch zu handeln, das angelernte Bibelwissen mit den intuitiv erfahrenen Informationen in Einklang zu bringen.

Weil der erste unabhängige Gedanke einer jeden Seele verschieden vom ersten unabhängigen Gedanken jeder anderen Seele war, ist sie – wenn wir Cayces Philosophie weiter verfolgen – auch verschieden in ihren Vorlieben und Abneigungen sowie in ihren Wünschen und Träumen. Das Gesetz des Karma – das Gesetz von Ursache und Wirkung – macht sie vermutlich verschieden von ihren Freuden und Sorgen, in ihren Nachteilen sowie in ihren Stärken und Schwächen und ihren Tugenden und Lastern, in ihrem Sinn für Schönheit und ihrem Fassungsvermögen für Wahrheit. Schulden, die im Fleisch aufgenommen wurden, müssen im Fleisch beglichen werden: Das ist einfach ein Naturgesetz. Mensch oder Gott verlangten NICHT Auge um Auge und Zahn um Zahn.

Dieses Gesetz gilt auch für Gruppen von Menschen, die zusammenarbeiten. Es gibt Karma für Familien, für Stämme, für Rassen und Nationen. Kehren die Seelen, die einen Krieg anstiften, in einer Nation wieder, dann wird dieser wiederum ein Krieg aufgezwungen werden. Die Niederlage sollte dann vom entsprechenden Volk mit Demut und Verständnis aufgenommen werden, und der Sieg eines Volkes sollte durch Gerechtigkeit und Erbarmen gekrönt werden. Dann wird das Karma der Schlacht von ihnen genommen werden.

Das Leben eines jeden Menschen wird bis zu einem gewissen Grad vom Karma geprägt, sowohl von seinem eigenen, als auch vom Karma seiner Gesellschaft, seiner Familie und seiner Freunde. Das Karma seines Volkes beeinflußt das Leben eines Menschen genauso wie das Karma seiner Rasse und das Karma der Welt selbst. Diese Einflüsse sind jedoch nicht so stark wie die Kraft des freien Willens. Wichtig ist, was der Mensch mit diesen Einflüssen

[228] Sugrue 1981, S. 370 u. 371.

anfängt und wie er sich ihnen gegenüber verhält. Möglicherweise verursacht dies eine Veränderung in seiner seelischen Umgebung. Bestimmte Dinge sind aufgrund des Karmas wahrscheinlicher als andere, aber alles ist möglich – solange der freie Wille besteht.

Freier Wille und die Vorbestimmung des Menschen existieren jedoch nebeneinander. Seine Erfahrungen aus früheren Inkarnationen begrenzen ihn in der Wahrscheinlichkeit bestimmter Dinge, jedoch schaffen sie in ihm Tendenzen in bestimmten Richtungen, wobei der freie Wille jedoch jederzeit eingreifen kann.

Ohne daß ein Plan für ein Leben besteht, nimmt keine Seele das Fleisch an. Die Persönlichkeit, die sich durch den Körper ausdrückt, ist eine von vielen, die die Individualität hätte annehmen können. Sie hat die Aufgabe, an einem oder mehreren Aspekten des Karmas der Individualität zu arbeiten. Es gibt keine Aufgabe, die zu schwer für die Persönlichkeit ist, die sie entweder erwählt oder die ihr zugewiesen wird. Selten jedoch wird die Aufgabe vollständig erfüllt, und oft wird sie stark vernachlässigt.

Die Entscheidung zur Inkarnation fällt normalerweise bei der Empfängnis, wenn der Weg, sich auszudrücken, von den Eltern eröffnet wird. Durch die Vermischung der Seelenmuster der Eltern ist ein gewisses Muster bereits beschlossen, was ein bestimmtes Karma mit sich bringt. Wenn nun das Karma einer Seele, die inkarnieren will, mit einem solchen Karma verwandt ist, wird sie davon angezogen werden und diese Möglichkeit der Inkarnation nutzen. Das elterliche Karma wird jedoch nicht genau dem eigenen entsprechen, und so muß die inkarnierende Seele sich dazu entschließen, etwas vom elterlichen Karma auf sich zu nehmen, damit der Kanal für die inkarnierende Seele benutzbar wird; hiervon sind Umwelt, Gemeinschaft mit den Eltern und bestimmte physiognomische Merkmale betroffen.

Folgen wir Cayces Philosophie weiter, so hören wir, daß auch andere Faktoren als das Seelenmuster der Eltern die Wahl eines Körpers beeinflussen würden. Es sind Faktoren wie: bevorstehende geschichtliche Situationen, frühere Ereignisse im Umkreis der Eltern und die in etwa gleichzeitige Inkarnation von Seelen, mit denen sie zusammenkommen will, etwa um bestimmte Probleme zu lösen. Manchmal jedoch sind die Eltern der einzige Grund für die Rückkehr der Seele auf die Erde. In diesem Fall wird ihnen das Kind liebevoll anhängen und ihnen bis zu ihrem Tod nahebleiben. Manchmal aber werden die Eltern nur als Mittel zum Zweck gebraucht. In solchen Fällen wird das Kind früh sein Zuhause hinter sich lassen und seinen eigenen Weg gehen.

Die Seele kann lediglich in der Zeit von sechs Monaten vor und einen Monat nach der Geburt Besitz vom Körper ergreifen. Wenn letzteres der Fall ist, wird sie sich jedoch bereits seit der Geburt in der unmittelbaren Nähe des Körpers befinden und sich überlegen, ob sie ihn nehmen soll oder nicht. Ist diese Entscheidung jedoch endlich getroffen, dann fällt der Schleier zwischen der neuen Persönlichkeit und der Seele, und die Geschichte des Kindes kann beginnen.

Der Körper selbst aber bildet sich in der Gebärmutter nach dem Muster, das sich aus den sich vermischenden Lebenskräften der Eltern bildete. Beginnt die Inbesitznahme durch die Seele, dann fängt gleichermaßen das Muster dieser Seele an, sich durch den Körper seinen Weg zu bahnen: Die Persönlichkeit des Kindes beginnt.[229]

Die Persönlichkeit ist ein hervorgehobener Teil der Individualität, die das Bewußtsein des Erdenlebens erlebt. Der Rest der Individualität bleibt im Schatten, er gibt jedoch der Persönlichkeit ihre individuelle Färbung: Verlangen, Geschmack, Beschäftigung und Charme – der Hintergrund, auf den die Intuition bezug nimmt.

Die Gestaltung der Persönlichkeit vollzieht sich in drei oder vier Inkarnationen aus den Bestandteilen ihrer irdischen Erfahrungen, an denen sie arbeiten möchte. Emotionen und Talente eines Menschen spiegeln diese Inkarnationen wider. Sowohl Träume als auch Visionen sind wie Meditation und das tiefe sorgfältig gehütete Selbstbewußtsein der Persönlichkeit ihr Erlebnismuster unter den Bewußtseinszuständen im Sonnensystem. Der Intellekt ist die geistige Kraft der Seele und abhängig von ihrem früheren Erleben in der Schöpfung außerhalb des Sonnensystems. Sie wird gedämpft oder erhellt durch die jüngsten Erlebnisse und Erfahrungen im Sonnensystem.

Eine Seele, die beschließt, erneut auf der Erde zu inkarnieren, ist in der Lage, jede von mehreren Persönlichkeiten anzunehmen, und jede von ihnen drückt einen Teil von ihr aus. Je mehr der Lebenszyklus im Sonnensystem seiner Vollendung entgegen geht, umso vielseitiger wird die Persönlichkeit und drückt so immer größere Teile der Individualität aus. Der Grund hierfür ist, daß jede Verkörperung weniger entgegengesetztes Karma hat und somit weniger Arbeit und Aufmerksamkeit erfordert. Am Ende ist die Persönlichkeit ein vollständiger Ausdruck der Individualität – der Zyklus ist vollendet.

Die die Persönlichkeit beeinflussenden Inkarnationen reflektieren ihre Muster in das Leben des Menschen, und manchmal vermischen sie sich: Die Eltern eines Kindes können die Umgebung einer bestimmten Existenz erneut herstel-

[229] Sugrue 1981, S. 371-374.

len, während seine Spielgefährten es mit der Umgebung einer anderen Erdenerfahrung versehen. Diese Einflüsse wirken zuweilen in bestimmten Zeiträumen: Beispielsweise präsentieren das Zuhause und die Kindheit die Bedingungen einer Inkarnation, während Schule und Studium die einer anderen präsentieren; Ehe und Familie schaffen wiederum andere Umstände neu, ebenso wie Beruf und Karriere. Fast immer haben die Menschen und Probleme gleicher Inkarnation miteinander zu tun, indem sie ineinander greifen: Das Muster ihrer Persönlichkeitserfahrungen ist so eine vernünftige Entwicklung, und ihr werden Probleme aufgegeben, die anzutreffen sie sich vorzubereiten hatte. Die Inkarnationen spiegeln lediglich ihre Interessen wider, und so kann das Karma gewöhnlich von mehr als einer Verkörperung in einem einzigen Leben in Angriff genommen werden. Wenn das Leben erfolgreich verläuft, bedeutet dies ein beträchtliches Vorankommen im Hinblick auf das Ziel, nämlich der Freiheit vom Fleische. Wenn ein Leben aufhört, so endet die Persönlichkeit mit ihm. Das Muster dieser Persönlichkeit wird jedoch in die Individualität mit aufgenommen. Die Aufzeichnungen des Lebens gehen folglich nicht verloren, sondern sie werden ein Teil der Individualität. Aber dann läuft der allgemeine Plan für die Vervollkommnung der Individualität in der Erfahrung dieses Sonnensystems weiter ab. Ein anderer Bewußtseinszustand wird – als Mittel zur Stärkung des Charakters einer zukünftigen Persönlichkeit – angenommen. Die Probleme der Individualitäten werden wie die Probleme von Gruppen und die Probleme von Rassen und Völkern immer und immer wieder bearbeitet, bis sie durch den Einsatz des freien Willens gelöst sind und die Seelen endlich in andere Welten übergehen – in andere Sonnensysteme und Universen.

Jeder Mensch ist eine Manifestation der schöpferischen Kräfte auf der Erde. Alle Menschen haben Körper, die danach streben, sich selbst auszudrücken. Des weiteren besitzt jeder Mensch einen Geist, der sich des Körpers sowie anderer Menschen und Einflüsse, die auf den Geist selbst einwirken, bewußt werden kann. Cayce betont, daß keine Seele das materielle Erdental durch Zufall, sondern durch die Gnade und Barmherzigkeit eines liebenden Vaters betritt – wissend, daß jede Seele durch eigene Entscheidung die Fehler und Vergehen wiedergutmachen kann, die sie von der Gemeinschaft mit Gott fernhalten. Inwieweit sich eine Seele im Verlauf eines Erdenlebens weiterentwickelt oder umgekehrt ihre Entwicklung verlangsamt, hängt davon ab, was der Mensch für Ideale hat und wie er sich geistig und auch im Äußeren um diese Ideale bemüht.

Das Leben hat einen Sinn. Der Ort, an den ein Mensch gestellt wurde, ist der Platz, an dem er seine derzeitigen Fähigkeiten, Fehler, Versagen und Tugenden einsetzen kann, damit sich der Plan, den Sinn zu erfüllen, zu dessen Erfüllung sich die Seele entschlossen hatte, manifestieren kann.[230]

Niemand kann wissen, ob Edgar Cayce mit dieser Philosophie im Ansatz recht hat oder nicht. Aber der Glaube an ein "Karma", das jede Reinkarnation eines Individuums begleitet, leuchtet für meine Begriffe eher ein als der Glaube an einen Gott, der einen Menschen nach einem einzigen Leben in die Hölle schickt und ihn dorthin auf ewig verstößt.

Warum geschehen Flugzeugunglücke? Warum ist ein Mensch krank? Warum muß jener Mensch Schreckliches durchmachen und der andere nicht? Auf diese und viele andere Fragen gibt die These des Karmas eine Antwort. Dabei wäre es aber eine vollkommene Fehlinterpretation, würde man sich auf seinem Karma ausruhen. Schließlich gilt es, seinen Auftrag auszuführen, um seinen Geist weiterzuentwickeln, und es gilt, sich ständig neu zu entscheiden – eben den freien Willen zu gebrauchen.

Wir wissen nicht, ob Cayce den Beginn der geistigen Evolution im Ansatz richtig erkannt hat, aber: Aus irgendeinem Grund muß dieser Kreislauf von Geburt und Wiedergeburt ja begonnen haben, sollte er denn zutreffend sein. Wir wissen nicht, ob Cayce vielleicht nur ein Schwätzer war – aber denken Sie an seine Worte: *"Die Wohnstätte des Menschen war damals in der oberen Sahara..."*

Wir haben in diesem Buch versucht, Erinnerungen an Atlantis zusammenzutragen und uns darüber hinaus die Frage zu stellen, was vor Atlantis war. Und möglicherweise sind wir zum Anbeginn der Schöpfung vorgestoßen, ja noch weiter: bis an unsere einstige Einheit mit Gott.

Gott. Wieder sind wir bei diesem magischen Wort angelangt. Gott, der Schöpfer des Himmels und der Erde. Vielleicht ist es kein Zufall, daß wir – egal, worum es geht – letztendlich, wenn wir ein Thema, gleich welcher Art, behandeln, immer wieder auf die Frage nach IHM stoßen. Grund genug, IHM das nächste Kapitel zu widmen.

---

230 Sugrue 1981, S. 374-377.

Kapitel 10: Die Frage nach Gott

Gott und die Götter? ∴ Ausserirdische als Auslöser für Göttersagen? ∴ Atlanter als Auslöser für Göttersagen? ∴ Zeitreisende als Auslöser von Göttersagen? ∴ Aber wer ist DER Gott?

Gott und die Götter – ein unerschöpfliches Thema. Wenn wir den Ausführungen Lars Fischingers[231] und anderer Vertreter der Paläo-SETI-These folgen, dann scheint es so, daß die Götter, die im Paradies und später auf Erden agierten, Außerirdische waren. Aber – nur einmal angenommen – es waren wirklich welche, dann handelte es sich strenggenommen um keine Wesen, die den Begriff "Gott" verdienten, sondern es waren humanoide Wesen wie wir auch. Und selbst wenn sie – was ich zwar bestreite – unsere Schöpfer waren, dann bleibt die Frage: Wer schuf *sie*? Vielleicht wieder andere Außerirdische aus anderen Sonnensystemen. Aber wo kommen die her? Wir gelangen hier nie an einen Anfang. Wie ein Damoklesschwert schwebt die Frage über uns: Wer und wo ist Gott?

Ich habe dafür plädiert – und tue dies auch heute noch – daß all unsere Göttersagen und Religionen auf ein Erbe von Atlantis zurückzuführen sind.[232] Eine hochentwickelte Kultur in grauer Vorzeit könnte gut für die Göttersagen, für die Erzählungen von magischen Fluggeräten, von technischen Errungenschaften, die später nicht mehr richtig verstanden wurden, verantwortlich sein. Aber wer hatte Atlantis gegründet? Eine noch ältere Kultur? Außerirdische? Oder gab es vor Atlantis tatsächlich eine lineare Evolution? Aber wie verlief die Evolution des Geistes? Wer war dessen Schöpfer? Was ist Bewußtsein? Kann es wirklich durch Zufall entstanden sein? Oder stand am Anfang ein Wesen, das die Berechtigung verdient, "Gott" genannt zu werden? Wenn wir also über den Tellerrand von Atlantis in Richtung Vergangenheit weiterblicken, so können wir sagen, daß "Atlantis" uns in der Frage nach den (Schein)-Göttern, die uns die Kultur brachten, durchaus weiterbringt, aber die Frage nach dem GOTT, dem Schöpfer aller Dinge, kann auch sie nicht beantworten.

Die Eindringlichkeit, in der "Gott" bzw. seine Propheten im Alten Testament mit ihrem Volk sprachen, und die Umstände um das Auftauchen gewisser Personen (Moses, Elias, Jesus), besonders in Bezug auf deren Ableben bzw. Verschwinden, muten merkwürdig an. Wenn man dies zusammen mit den Berichten um das mehrmalige Auftauchen jener Personen betrachtet, dann stellt

[231] Fischinger 1997.
[232] Horn 1997.

sich die Frage, ob nicht möglicherweise hochentwickelte Menschen aus der Zukunft aktiv waren, die ihre eigene Vergangenheit, sei es im positiven oder im negativen Sinne, beeinflussen wollten. Die Eindringlichkeit weist eher darauf hin, daß man seine eigene Zukunft retten, bzw. die Vergangenheit wieder herstellen will. Die Widersprüchlichkeit in manchen Aussagen Gottes könnte auf die Anwesenheit zweier unabhängig voneinander operierender Gruppen hinweisen.[233]

Berichte über sogenannte "Men in Black" – schwarzgekleidete Männer, die es offensichtlich darauf anlegen, die Politik in den verschiedensten Zeiten zu beeinflussen, könnten ebenfalls in dieser Richtung gedeutet werden.[234]

Aber diese "Eindringlinge" oder wie immer wir sie nennen wollen, kämen eben aus der Zukunft, sie sind – wenn diese These zutrifft – Menschen aus Fleisch und Blut und können nicht unsere Schöpfer sein.

Oft wird die "Natur" mit Gott gleichgesetzt. "Schöpfer = Schöpfung" ist eine populäre Gleichung. Genaugenommen haben wir es hier mit zwei "Göttern" zu tun: Einmal ist da der Zufall, der das Universum – oder die Universen – geschaffen hat, und einmal ist da das Universum selbst. Der Zufall – ein ominöses Wort: Etwas fällt einem zu. Ja, aber von wem? Einfach so. Aus heiterem Himmel. Ohne Sinn und Zweck. Wie's kommt, kommt's. Und so kam es "zufällig" zum Urknall, und mindestens ein Universum entstand, in dem sich auf mindestens einem Planeten "zufällig" die geeigneten Bedingungen ergaben, um Leben hervorzubringen. Auf rein mechanischem Weg entwickelten sich hieraus in einer langen Kette die verschiedensten Lebewesen, und am Ende dieser Kette stand der Mensch, der darüber nachgrübelt, wo er herkommt. Eine wahrlich zugleich meisterhafte und sinnlose Leistung einer Macht namens "Zufall", die nicht einmal ordentlich definiert werden kann. Und so scheinen mir die Wendungen "Die Welt ist aus Zufall entstanden" und "Gott ist in der Natur zu suchen" lediglich schlechtgeschnitzte Behelfskrücken zu sein, die dem ebenso abstrakten Begriff "Atheismus" das Gehen ermöglichen sollen. Aber der Begriff "Atheismus" ist genauso wenig aussagekräftig wie das Wort "Zufall". Es bedeutet sinngemäß, das man an keinen Gott glaubt. Dabei ist man jedoch darauf angewiesen, abstrakte Begriffe wie "Zufall" zuhilfe zu nehmen und auf Gleichungen wie "Schöpfer = Schöpfung" zurückzugreifen. Also auch der Atheismus kennt eine Art "Götter", die allerdings sehr fragwürdig erscheinen.

---

233 Siehe hierzu das Buch "Sie kamen aus der Zukunft" (Bohmeier Verlag).

234 Krassa 1997: Phantome des Schreckens.

Das Gegenteil des "Atheismus" ist die bedingungslose Gottgläubigkeit. "Da ist ein Gott, der alles erschaffen hat, und wie er das gemacht hat, ist seine Sache." Vertreter dieser Richtungen verweisen auf die jeweiligen heiligen Schriften und auf die eigenen Interpretationen derselben, und damit hat es sich auch schon.

Aber wenn Gott nicht gesucht, sondern einfach akzeptiert werden soll, wie es in gewissen heiligen Büchern steht, warum hat er uns dann ein so unstetes Verlangen ins Herz gelegt, ihn zu suchen? Viele Menschen glauben Gott – und mit ihm die ultimative Wahrheit – gefunden zu haben und schlagen sich verbal oder sogar tätlich gegenseitig die Köpfe ein, weil man "die Wahrheit verteidigen" und somit Gott dienen will. Aber kann so etwas Gottes Wille sein? Ist wirklich anzunehmen, daß eine elitäre Gruppe Gott und die Wahrheit erkannt hat und somit von jenem die Berechtigung erhält, Anders- bzw. Ungläubige niederzumetzeln? Ich kann mir das beim besten Willen nicht vorstellen!

Michael Talbot hat – aufbauend auf die Theorien des Neurophysiologen Carl Pribram und des Physikers David Bohm – eine Theorie erörtert, nach der wir nicht in einer realen Welt leben, sondern daß diese – wie auch wir – lediglich ein holographisches Bild darstelle.[235] Eine sehr interessante, aber auch abenteuerliche Theorie. Wenn man hier weiterdenkt, könnte man sich vorstellen, daß außerhalb dieses Hologramms ein Wesen sitzt, das die Geschicke des einzelnen lenkt, daß Gott in Wirklichkeit ein "Hologramminhaber" sei. Dann wäre Gott im wahrsten Sinne unser Schöpfer und wir seine Geschöpfe, sein Eigentum. Und Gott sähe uns genüßlich zu, was wir in der von ihm geschaffenen Welt so treiben. Ein Gott, der holographische Wesen schafft, um sich die Langeweile zu vertreiben? Aber warum gibt er uns dann das starke Verlangen ein, nach "IHM" zu suchen, wenn er doch unerreichbar in einer anderen Welt sitzt?

In den letzten Jahrzehnten ist viel vom "kollektiven Unbewußten" die Rede gewesen. Die Psychologie geht davon aus, daß sich das Bewußtsein des Menschen in ein "(Oberflächen-)Bewußtsein", ein "Unterbewußtsein" und das "Unbewußte" aufteilt.

Die unter der Oberfläche befindlichen Teile stünden miteinander in einer merkwürdigen Verbindung, und nur so sei erklärbar, daß gewisse Erfindungen und Bewegungen in verschiedenen Teilen der Welt zur gleichen Zeit getätigt werden bzw. entstünden.

---

[235] Talbot 1994.

Ist womöglich dieses "kollektive Unbewußte", das in uns allen steckt, mit "Gott" gleichzusetzen? "Gott ist in uns allen" ist ja auch eine gebräuchliche Wendung.

Das kollektive Unbewußte kann vielleicht eine gottähnliche Funktion ausüben, was das Zusammenleben von Familien, in Betrieben, ja sogar in Nationen und der Weltgemeinschaft betrifft, wenn es tatsächlich so mächtig ist, wie wir es einige Kapitel zuvor angedeutet haben. Aber wie kann es unser Schöpfer sein? Wenn wir die heute noch als gültig erachtete Evolutionstheorie zu Hilfe nehmen, dann hat sich das Bewußtsein während der physischen Entwicklung irgendwann in der Frühzeit der Säugetiere im Rahmen der Evolution der Gehirnphysiologie herausgebildet. Folglich kann es nicht unser Schöpfer sein.

Wenn wir allerdings Cayces Philosophie zu Hilfe nehmen, dann könnten wir das "kollektive Unbewußte" als eine Verbundenheit der Seelen verstehen, die aus der Zeit stammt, in der der Mensch noch nicht mit einem Körper versehen war. Wir könnten annehmen, daß die Evolution des Geistes und die Evolution des Fleisches getrennt begonnen haben – bis sich ihre Wege kreuzten und die Seele in der Körperlichkeit gefangen wurde. Das kollektive Unbewußte wäre dann als eine Verbundenheit der individuellen Seelen zu verstehen, und die Existenz eines solchen wäre aus dieser Sicht heraus nicht verwunderlich.

So abstrus sich Cayces Ideen vielleicht auch anhören mögen, sie bergen doch eine gewisse Logik und ein System in sich, das meines Erachtens keine andere Weltanschauung bietet.

Ich glaube nicht, daß Cayce die Wahrheit generell erkannt hat. Vielleicht aber ist er dieser näher gekommen als manch ein anderer.

Aus unseren Erinnerungen an Atlantis und die Zeit davor wurde nun möglicherweise eine Erinnerung an eine Zeit, in der unsere Seelen noch eins mit Gott waren. Und wenn "wir" – was immer dieses Wort in unser vielschichtigen, über unsere Körperphysiologie hinausgehenden Persönlichkeitsstruktur auch bedeuten mag – tatsächlich einst "eins" mit Gott waren, dann werden wir eines Tages auch wieder eins mit ihm sein – und wie schnell das geschehen wird, das liegt an uns – an jedem einzelnen von uns.

Anhang

Adressen, Anlaufstellen und empfehlenswerte Zeitschriften

A.R.E.
Association for Right and Enlightment
A.R.E., Inc.,
P.O. Box 595
Virginia Beach, VA 23451-0595
USA
Email: are@are-cayce.com
http://www.are-cayce.com/

NASA/JPL
Jet Propusion Laboratory
4800 Oak Drive Grove
Pasadena, Kalifornien, 91109
USA
Diese Adresse ist für diejenigen Leser interessant, die sich für die Sahara-Entdeckungen interessieren, selbstverständlich hat sie nichts mit Edgar Cayce zu tun.

Jenseits des Irdischen
Gerd Kirvel
Postfach 1551
47715 Krefeld
Zweimonatlich erscheinende esoterische Zeitschrift, die sich u.a. auch mit der Atlantis-Thematik beschäftigt

Forschungsgruppe für Archäologie, Astronautik und SETI
Erich von Däniken
Postfach
CH-3803 Beatenberg
http://www.aas.-fg.org
Email: admin@aas-fg.org
Deutschsprachige Anlaufstelle zur Präastronautik und Herausgeber der zweimonatlich erscheinenden Fachzeitschrift "Sagenhafte Zeiten".

Magazin für Grenzwissenschaften
Walter L. Kelch und Stefan E. Rickes
Postfach 11 06
D-56637 Plaidt
Email: 106775.1157@compuserve.com

http://ourworld.compuserve.com/WKelch
Ausgesprochen breit angelegtes Fachmagazin mit zweimonatlicher Erscheinungsweise. Eigenes Buchprogramm.

Unknown Reality
UFO-Interessengruppe Frankfurt/Oder
Mario Ringmann
Hamburger Str. 11
15234 Frankfurt/Oder
Email: Unknown.Reality@t-online.de
http://unknown.reality.notrix.de
Viele Artikel zur Atlantis-Thematik! Erscheint vierteljährlich!

Wissenschaft ohne Grenzen
Weisser Stein 11
07937 Greiz
Grenzwissenschaftliche Artikel aller Art. Erscheint vierteljährlich. Viele Artikel zum Atlantis-Thema.

Grenzwissenschaftliche Forschungsgesellschaft Berlin
Hans-Jörg Vogel
Lindenberger Str. 25
13156 Berlin
Herausgabe der Zeitschrift "Pulsar"

EPAL
European Prae-Astronautik Newsletter
EPAG-Group
Harald Petrul
Rosenhof 3
25463 Rellingen
HPetrul@compuserve.com
http://ourworld.compuserve.com/HPetrul
Interessante Informationen zum Themenkomplex "Rätsel der Vergangenheit"

Omicron
Roland Roth
Rothwestenerstraße 9
34233 Fuldatal-Simmershausen
Grenzwissenschaftliche Themen aller Art!

Gesellschaft zur Erforschung des UFO-Phänomens e.V.
Journal für UFO-Forschung
Hans-Werner Peiniger und Gerald Mosbleck

Postfach 2361
D-58473 Lüdenscheid
Email: gep.eV@t-online.de
http://home.t-online.de/home/gep.eV/
Interessantes rund ums UFO-Phänomen. Seriöse Meldestelle für UFO-Sichtungen. Erscheint zweimonatlich. Viele Buchrezensionen – auch zur Atlantis-Thematik!

UFO-Report – Independent Alien Network
Wladislaw Raab
Rumfordstr. 20
80469 München
http://ian.notrix.de
Seriöse Anlaufstelle für Alien-Begegnungen. Der UFO-Report sieht das UFO-Phänomen als Teilaspekt eines größeren Phänomens und beschäftigt sich auch mit Themen wie "Fluggeräte und andere technische Errungenschaften in alten Zeiten." Viele Buchrezensionen. Sehr empfehlenswert! Erscheint vierteljährlich!

Internet-Adressen

http://www.dreamscape.com/morgana/phoebe.htm
http://wrldnet.net/~bluapple/atl.htm
http://www.geocities.com/Athens/5692
http://www.ufomind.com/people/c/cayce
http://www.damp.cam.uk/user/hawking/home.html
http://www.psyclops.com/hawking/
http://www.lauralee.com/japan.htm
http://www.geocities.com/TheTropics/Shores/9173/tikal1.htm
http://ourworld.compuserve.com/homepages/d_d_5
http://home.t-online.de/home/S.Wandrei/
http://www.freemind.de
http://members.aol.com/lbufopa002/index.htm
http://www.ufomind.com/
http://home.t-online.de/home/Roland.M.Horn
http://www.alien.de

Index

A

B

C

D

E

F

G

H

O

P

R

S

T

U

V

W

Y

Z

Quellen und Literaturhinweise

Die heilige Schrift, Menge-Übersetzung, Stuttgart 1949
Die Neue-Scofield-Bibel mit Erklärungen; Luthertext (1914), Pfäffikon/ZH, CH 1978
Die vierundzwanzig Bücher der heiligen Schrift übersetzt von Leopold Zunz, Basel 1980
Andersen, Hans-Jürgen: Polsprung und Sintflut, Bochum 1992
Aschenbrenner, Kurt: Die Antiliden, München 1993
Bauval, Robert und Gilbert, Adrian: Das Geheimnis des Orion, München 1994
Bauval, Robert und Hancock, Graham: Der Schlüssel zur Sphinx, München 1996
Berlitz, Charles: Geheimnisse versunkener Welten, Frankfurt am Main 1972
Berlitz, Charles: Das Atlantis-Rätsel, Wien/Hamburg 1976
Berlitz, Charles: Spurlos, Wien/Hamburg 1977
Berlitz, Charles: Der 8. Kontinent, Wien/Hamburg, ohne Jahresangabe
Blumrich, J.F.: Kasskara und die sieben Welten, München 1985
Braem, Harald: Das Geheimnis der Pyramiden, München 1992
Cayce-Evans, E., Cayce-Schwarzer, G. Richards: D. G.: Das Atlantis-Geheimnis, München 1988
Däniken, Erich von: Zurück zu den Sternen, Wien/Düsseldorf 1967
Ebertin, Baldur R.: Reinkarnation und neues Bewußtsein, Freiburg 1995
Fischinger, Lars: Götter der Sterne, Weilersbach 1997
Hausdorf, Hartwig: Die weiße Pyramide, München 1994
Hausdorf, Hartwig und Krassa, Peter: Satelliten der Götter, München 1995
Hausdorf, Hartwig: Rückkehr aus dem Jenseits, München 1998
Hawking, Stephen: Die kurze illustrierte Geschichte der Zeit, Reinbek bei Hamburg 1997
Hope, Murry Atlantis, Mythos oder Wirklichkeit?, Frankfurt am Main 1994
Horn, Roland M.: Das Erbe von Atlantis, Suhl 1997
Horn, Roland M.: Planeten und Planetenmonde in Frage und Antwort, Plaidt 1999
Keller, Hans-Jürgen: Das Kosmos-Himmelsjahr 1997, Stuttgart 1996
King Francis, X.: Nostradamus: Das große Buch der Voraussagen, Güthersloh 1994
Krassa, Peter: Phantome des Schreckens, Plaidt 1997
Krassa, Peter: Dein Schicksal ist vorherbestimmt, München 1997
Langbein, Walter-Jörg: Bevor die Sintflut kam, München 1996
Langbein, Walter-Jörg: Das Wissen der Alten, Rastatt 1997
Langbein, Walter-Jörg: Parapsychologische Phänomene, München 1997
Mackowiak, Bernhard: Atlantis, Stuttgart 1997
Mehner, Thomas (Hrsg).: "Das Große Experiment" 1993
Mendelsson, Kurt: Das Rätsel der Pyramiden, Augsburg 1993
Moody Raymond A, Dr. med.: Leben vor dem Leben, Reinbek bei Hamburg 1988
Muck, Otto Heinrich: Alles über Atlantis, München 1978
Murphy, Joseph: Die Macht ihres Unterbewußtseins, Genf 1962
Paturi, Felix P.:Vision und Wahrheit, Stuttgart 1993
Pischel, Barbara: Die Atlantische Lehre – Übersetzung und Interpretation der Platon Texte aus Timaios und Kritias, Frankfurt Main/Bern 1982
Rienecker, Fritz: Lexikon zur Bibel, Wuppertal 1980
Sasse, Torsten u. Haase, Michael: Im Schatten der Pyramiden - Spurensuche im Alten Ägypten, Düsseldorf 1997
Schulz, Paul: Die Menschheit und das Leben vor und nach der Sintflutkatastrophe am 5. Juni 8498 v. u. Zeit, Berlin 1993
Sitchin, Zecharia: Der zwölfte Planet, München 1989
Schwab, Gustav/Seewald, Richard: Sagen des klassischen Altertums, Freiburg 1961
Stearn, Jess: Der schlafende Prophet, München 1967
Sugrue, Thomas: Edgar Cayce, München 1981
Talbot, Mike: Das holographische Universum, München 1994
Thorne, Kip, S: Gekrümmter Raum und verbogene Zeit, München 1994
Temple, Robert K. G.: Das Sirius-Rätsel, Frankfurt am Main 1977
Tollmann, Alexander und Edith: Und die Sintflut gab es doch, München 1993
Velikovsky, Immanuel: Erde im Aufruhr, Berlin 1994
Velikovsky, Immanuel: Welten im Zusammenstoß, Berlin 1994